군, 인권 열외

지켜야 하지만 지켜지지 못한 사람, 군인

군, 인권 열외

김형남 지음

추천의 말

군이 우리 아이들에게 저질렀던 끔찍한 일들의 실상을 찬찬히 복기하면서 몇 가지 의문이 떠올랐습니다. '군대도 과연 바뀔 수 있을까?', '피해자들과 유족들의 작은 외침이 정말 철옹성 같은 군대를 변화시킬 수 있는 걸까?' 많은 이들과 함께 나누고 싶은 고민입니다.

"우리 곁을 떠난 윤승주가 잃어버린 좋은 시절은 다시는 돌아오지 않는다."

지난 8년, 늘 목소리 내고 싸우면서도 마음이 공허했던 이유를 깨달았던 구절입니다. 자식을 군에 보낸 부모님, 군과 관계된 모든 이들의 마음에 이 책이 울림으로 닿길 바랍니다.

—안미자(고 윤승주 일병 어머니)

'요즘 군대 좋아졌다'라는 얘기 많이 듣는다. 〈D.P 개의날〉을 연재하던 약 9년 전에도 들었고, 군대에 입대하던 20년 전에도 들었다. 돌아가신 아버지 역시 50년 전에 들으셨다 했으니 우리나라 군대는 창군 이래 안 좋아진 적이 없는가 보다.

그렇다면 왜 좋아졌을까? 당연히 '이쯤 좋아졌으면 충분하다'가 아닌, '이것보다 더 좋아져야 한다'라고 외쳐온 사람들 덕분일 것이다. '나 때는 더했다'라는 하등 쓸모없는 말을 하는 사람이 아닌, '아직도 그런다고?'를 되물어온 사람들 때문일 것이다.

하지만 우리 군대는 아직 갈 길이 멀다. 이 책은 그 좋다는 '요즘 군대'에서 무슨 일이 벌어지고 있는지를 낱낱이 알려준다. 진보는 언제나 '이대로는 안 된다'라고 말하는 사람들이 이루어왔다는 사실을 잊지 말자.

—김보통(〈D.P 개의날〉 작가)

폭력과 가혹행위가 난무하던 군대에 인권의 씨앗을 심어보자고 군인권센터를 만든 날로부터 벌써 13년이 지났다. 저자는 그중 반 이상을 함께한 사람이다. 내가 날카롭게 앞으로 치고 나가는 일에 치중했다면, 저자는 섬세히 돌보고 챙기는 일에 관심이 있었다. 함께 만들어온 활동을 되짚는 그의 시선에서 다시 한번 느낀다. 그 따뜻함이 군대에 심은 인권의 씨앗을 싹 틔우는 자양분이 될 것임을 믿는다. 이 책으로 말미암아 더 많은 이가 군대 문제를 모두의 문제로 고민해주길 기대한다.

—임태훈(군인권센터 소장)

국방의 의무, 아니 정확하게 말하면 병역의 의무는 아직 의문을 제기하기 힘든 영역으로 남아 있다. 그 의무에 전근대적이고 불공평한 면이 있음을 부정할 수 없지만, 우리는 "군대란 원래 그런 곳이야."라며 문제를 회피하곤 한다. 그러는 동안 또 하나의 생명이 저물어가고 있을지도 모른다.

《군, 인권 열외》는 군인권센터에서 활동하는 인권활동가 김형남이 삶과 죽음으로 만난 이들에 관한 이야기이자, 지금 당장 변화해야만 하는 군대 이야기다. 읽는 내내 마음 아팠고, 바로 지금부터 변화에 동참해야 한다고 느꼈다. 그리고 그 변화의 주체는 시민과 더불어 국가여야 한다.

—변영주(영화감독)

나는 전쟁과 군사주의에 반대하지만 군인의 인권은 존중한다. 그러나 이 말은 간단하지 않다. 군인은 누구인가. '업무상 군인'인가? '보편적 인간'인가? '여성'인가, '남성'인가? 이 책은 남한 징병제의 일상을 '있는 그대로' 드러냄으로써, 근대 인권 사상의 가장 복잡한 주제에 다가간다.

현충과 보훈의 평화학은 이 책에 등장하는 젊은 영혼들로부터 시작해야 한다. 그리고 우리는 이들의 죽음을 평생 공부해야 한다.

— 정희진(여성학 박사, 국방부 양성평등위원)

프롤로그

"요즘 군대 좋아졌다"라는 말

남들보다 늦게 군대에 간 편이다. 친구들이 다 전역해서 복학할 무렵에 입대했다. 잘 다녀오라며 밥과 술을 사준 친구들은 "요즘 군대는 예전 같지 않다. 많이 바뀌었다"라는 위로를 건넸다. 실제로 친구들이 경험한 군대와 내가 갈 군대는 여러모로 달랐다. 개구리 군복이 디지털 군복으로 바뀌었고, 침상에 일렬로 누워 자지 않고 개인 침대에서 잤다. 그래서 좋은 시절에 군대 간다며 '꿀 빤다'라고 놀리는 친구도 있었다.

입대일은 2014년 5월 26일, 뉴스에 군대 이슈가 많이 나오던 때였다. 육군 제28사단에서 선임병들의 집단 구타로 윤승주 일병이 사망한 '윤 일병 사건'이 그해 4월의 일이었다. 훈련소에 있을 때인 6월엔 육군 제22사단에서 '임병장 사건'으로 알려진 총기 난사 사건도 터졌다. 어수선한 시절이었다. 국방부는 낡은 병영문화를 혁신하겠다며 민간인 전문가들을 모아 '민·관·군 병영문화 혁신위원회'를 설치했고, 국회는 '군 인권개선 및 병영문화 혁신특별위원회'를 구성했다. 인권·시민사회단체들은 〈군대 내 인권보장을 위한 공동행동〉을 발족했다. 다양한 대책과 처방이 쏟아졌고, 군생활 내내 이런저런 크고 작은 변화가 있었다. 수신전용 핸드폰이 생활관마다 하나씩 비치되었고, 써본 적은 없지만 화상통화가 가능한 공중전화도 생겼다. 국방부가 운영하는 통합 상담전화 '국방헬프콜 1303'이 생겨 부대 화장실 칸칸이 힘들 때 전화하라는 스티커가 붙은 것도 이 무렵의 일이다. 그런데 돌이켜보면 그 시절 정말 무언가가 변하고 있다는 생각은 들지 않았던 것 같다. 일상은 여전히 쳇바퀴처럼 굴러갔으며 이상하고 이해하기 어려운 일이 많았다.

입대하기 1년 전쯤 대학교 후배가 군대에서 스스로 목숨을 끊었다는 소식을 들었다. 그땐 무슨 영문인지 몰랐다. 밝고, 친구도 많고, 공부도 잘하던 똑똑한 친구였는데 왜 그런 선택을 했는지 이해가 가지 않았다. 그러다 입대를 앞두고 학교에 대자보가 붙은 것을 봤다. 군대 상관의 괴롭힘과 정신적 압박이 사망의 원인이었는데, 1년이나 지지부진한 조사를 이어오던 부대 지휘관이 진급을 위해 이를 다 덮었다는 내용이었다. '공군 제15특수임무비행단 김지훈 일병 사망사건'으로 알려진 사건이다. 정신과 한번 가본 적 없는데도 지훈이의 죽음은 입대 전부터 앓던 정신질환에 의한 자살로 둔갑되었고, 공군은 2014년 1월, 순직이 아닌 일반사망으로 사건을 일단락 지었다. 누구 하나 벌 받은 사람이 없고 유가족에게는 보상금 600만 원이 쥐어졌을 뿐이다. 한 후배가 분노로 써내려간 대자보에 세상이 다시 주목하게 될 때쯤, 나는 입대했다.

공교롭게도 나는 지훈이가 복무하던 부대로 자대 배치를 받았다. 그사이 여론의 뭇매를 맞은 공군은 재심사를 통해 순직 처리를 결정했다. 지훈이가 현충원으로 옮겨지던 날, 유골함이 부대에 들렀다. 정신질환으로 사망한 것이라는 오해가 부대에 퍼져 있어 동료들 앞에서 지훈이의 명예를 회복시키고 싶다는 유가족의 뜻에 따라 추도식이 열렸다. 내가 막 일병 계급장을 달았을 때다. 주뼛주뼛 눈치를 보며 부서 간부에게 추도식과 현충원 봉안식에 따라가도 되는지 물어봤다. 간부는 가도 된다고 허락하면서 그 친구 학교생활은 어땠냐고, 우울증 때문에 죽은 것 아니냐고 물었다. 조심스레 그렇지 않노라 설명했지만, 한번 꼬여버린 오해는 쉽게 풀리지 않았다.

그로부터 2년, 나는 군생활 내내 지훈이를 괴롭혔다던 그 상관을 매일같이 마주했다. 군검찰은 그에게 기소유예 처분을 내렸고 부대는 감봉 2개월의 징계를 부과했을 뿐이다. 그 상관이 반갑게 인사를 건넬 때면 나는 뭐라 답해야 할지 몰랐다. 지훈이의 죽음은 이내 잊혔고, 부대는 아무 일도 없었다는 듯 이전과 똑같이 굴러갔다.

당시 내 근무지에서는 군무원들의 폭언이 일상화되어 있었다. 위협적 분위기가 날마다 이어졌다. 화가 난다며 손에 쥐고 있던 칼을 집어던진 이도 있고, 부서 회식 자리에서 술에 취해 술병을 거꾸로 들고 죽여버리겠다며 병사에게 소리 지르는 이도 있었다. 하지만 병사들은 다들 참고 살았다. 누가 그러라고 시킨 것도 아닌데 그저 참았다. 군대가 원래 그렇고, 문제 제기를 해봐야 바뀔 것이 없다는 체념이 깊었다.

꾸역꾸역 시간이 흘러 말년 휴가를 나갈 무렵이었다. 오랜 폭언과 위협이 도를 넘었다고 생각한 후임들이 더 참다가는 사고가 날 것 같다면서 신고하자는 의견을 냈고, 진술을 모아 고소장을 써 군검찰에 제출했다. 부대가 발칵 뒤집혔다. 간부는 나를 불러다 "결국 힘들어지는 건 군에 남을 후임들일 것"이라며 고소취하를 설득하라고 종용했다. 피해자와 가해자를 한자리에 모아 통 큰 사과와 용서를 요구하던 간부도 있었다. 다른 부서 간부들은 앞에서는 위로를 건넸지만 뒤에선 괘씸히 여기는 이들이 많았다. 적당한 선에서 마무리하길 바랐던 그들의 바람과 달리 병사들은 타협할 생각이 없었다. 결국 가해자들은 다른 부서로 전출을 갔고, 병사들은 '찍혔다'.

그렇게 분분한 와중에 나는 전역을 했다. 마음이 쓰여 종종 소식을 묻곤 했다. 형사사건은 합의가 되었고, 가해자들은 중징계를 받았다고 했다. 그런데 소식을 전하던 한 후임이 이런 말을 했다.

"그냥 참고 지낼 걸 그랬습니다."

가해자들은 떠났지만 사건 처리 과정에서 받은 상처와 부담이 너무 컸고, 간부들의 시선이 곱지 않아 알게 모르게 부대 생활에 어려움이 많아졌기 때문이란다. 철책 울타리 속에서나 통할 한 줌도 안 되는 알량한 권력을 쥔 이들은 '참지 못하는 이들'을 참지 못했다. 꾹 참았던 지훈이도, 참지 않았던 내 동료들도 어느 하나 마음 성할 수 없는 곳, 대한민국 군대는 그런 곳이다.

지금도 수화기 너머로 들었던 후임의 말을 마음의 짐으로 이고 산다. 부당함은 맞서 싸우는 것보다 참는 것이, 힘든 일은 털어놓기보단 앓는 것이 당장은 힘들어도 오래도록 편하고 현명한 삶이라는 말. 갓 스무 살을 넘긴 평범한 청년의 입에서 나온 그 말을 잊을 수가 없다. 군대를 바꾸는 일을 해야겠다는 마음을 먹은 것도 그 무렵이다.

절반에 가까운 국민이 군대에서 체화한 이 지저분한 삶의 지혜는 “군대를 가야 사람이 된다”라는 교훈이 되어서는, 세대를 타고 끝 간 데 없이 전해진다. 집에서, 학교에서, 회사에서. 그렇게 군대가 만들어낸 ‘사람’들이 침묵을 요구받고, 또 요구하며 살아간다. 이 굴레를 끊어내지 않으면 군대도 사회도 강요된 침묵 속에 질식할 것 같았다. 그렇게 시작한 군인권센터 활동이 벌써 햇수로 6년을 넘겼다.

매년 100여 명의 꿈이 군대에서 진다. 군대에 가서 사람이 아니라 흙이 되어 돌아오는 이가 이렇게 많다. 이 중 7할 정도가 스스로 목숨을 끊는다. 끙끙 앓다 죽는 사람이 너무 많다. 이런 세상에 “요즘 군대는 예전 같지 않다”라든지 “요즘 군대가 군대냐?” 하는 말은 오만이고 만용이다. 물론 군의 인권 상황이 예전에 비해 나아졌다는 점은 부정하지 않는다. 하지만 병사들이 핸드폰을 쥐고 사는 세상에서도 신고 한번 못해보고 가슴앓이를 하다 세상을 뜨거나 회복할 수 없는 병마를 얻는 이들이 부지기수라는 점도 부정할 수 없다.

진짜 문제는, 여전히 우리 군대가 마음만 먹으면 남의

인격을 짓밟고 권리를 침해할 수 있는 조직문화 위에 세워져 있다는 점이다. 예전에 비해 구타와 가혹행위도 줄어들었다지만 지금도 어떤 이의 꿈은 강요된 침묵에 질식당하고 있다. 조용히 참고 사는 것이 금과옥조로 받아들여지는 군대문화가 바뀌지 않는 한, 고통의 형태와 양상이 달라질 뿐 고통받는 이들은 사라지지 않는다.

군대에 가야 사람이 된다고? 아니다. 사람이 군대에 가는 것이다. 사람답게 존중받는 군인이 다른 사람도 지킬 수 있다. '요즘 군대'는 과연 그런가.

차례

2장. 여덟 걸음

3장. 세 질문

1장 네 사람

활동가로 알게 된, 그러나 만날 순 없는 네 사람이 있다. 영정으로 알았거나 영정으로 떠났거나. 하나같이 너무 젊은 나이에 영정을 만든 사람들이다.

내가 보고 겪은 군대는 사람이 죽은 자리를 밟고 따라가는 조직이다. 그나마 잘 따라가지도 않는다. 아군이 뭉갠 삶들을 앞에 펼쳐놓고 변화를 이야기해야 할 때면 우리가 빚지고 사는 것들이 무엇인지 감히 헤아리기 어렵다. 그럼에도 우리는 이들의 이름을 끝없이 호명해야 한다. 그들의 이야기에 한국 군대가 풀어내야 할 밀린 숙제가 담겨 있기 때문이다. 앳되게 웃고 있는 이들의 얼굴이 봄이 가장 먼저 피는 자리이기를. 늘 그렇게 빈다.

한 사람 윤승주 (1993~2014)

바뀐 것과 바꿀 수 없는 것

'윤 일병 사망사건', 그리고 윤승주

잊히지 않는 날짜가 몇 개 있다. 그중 하나가 2014년 5월 26일이다. 나의 입대일이다. 입대 전에는 오지 않길 바란 날이어서 자주 떠올렸고, 입대 후에는 빨리 지나가길 바란 날이어서 수시로 되뇌었다. 그땐 복무기간이 딱 2년이었기 때문에 전역일은 입대일 하루 전날로 빠르게 셈할 수 있었다. 봄과 여름 사이, 어중간한 때였다.

끝나지 않을 것 같던 6주간의 기본 군사훈련을 무사히 수료한 뒤 특기 교육까지 마치고 나니 한여름이 되어 있었다. 7월 말의 찌는 더위를 이고 떨리는 마음으로 자대(自隊)를 향했다. 부대에 도착하니 처음 만난 선임이 노란색

견장(肩章)을 달아줬다. 그는 그것을 '노딱'이라 불렀다. 노란 딱지를 줄여 부른 말이라 그랬다. 이병들은 자나 깨나 노딱을 차고 다녀야 했다. 조금 창피했다. 누가 봐도 어색한 꼴이 이병일 텐데, '나는 이병이요' 하고 외치고 다니는 느낌이었다. 어쩌겠는가. 하라니 할밖에.

노딱은 '초보운전' 스티커 같은 것이었다. 좀 못 미덥고 어리숙해도 이해하고 보호해달라는 표식이었다. 노딱을 달고 있을 땐 어딜 혼자 다니지 못하게 했다. 화장실을 갈 때도 선임이 따라다녔다. 그런데 또 한편, 근처에 가면 위험해질 수 있다는 그런 표식이기도 했다. 선임들은 노딱 건드리면 인생이 골로 간다는 농담을 우스개로 주고받았다. 그러면서 요즘 군대 참 좋아졌다는 말을 덧붙이곤 했다. 병장들은 자기들이 입대했을 때만 해도 맞고 살았다 그랬다. 군대 이야기란 게 으레 부풀려지는 법이라지만 음식물 쓰레기 하치장에서 머리를 박히고 조인트를 까였다는 말이 마냥 거짓말 같진 않았다. 물론 그들과 달리 운 좋게 '좋은 시절'에 입대한 나는 전역하는 날까지 맞아본 적이 없다.

그리고 그땐 몰랐다. 내가 누린 시절이 누군가가 잃어버린 좋은 시절이란 걸.

○

2014년 3월 3일, 신병 하나가 육군 제28사단 모 포병대대 의무대에 배치된다. 그의 이름은 윤승주다. 대학에서 간호학과를 다니던 그는 2013년 12월 의무병으로 입대했다. 맞선임의 진술에 따르면 활기차고, 열정적으로 일을 배우고자 하는 사람이었다고 한다. 그런 그에게 돌아온 선임들의 첫인사는 주먹질이었다. 대답이 느리고 인상을 썼다는 이유, 그뿐이다.

그 뒤로 윤 일병에겐 한 달 동안 매일매일 지옥이 펼쳐졌다. 이루 다 표현할 수 없는 끔찍하고 잔인한 폭력과 가혹행위가 하루도 빠짐없이 벌어졌다. 처음엔 갓 배치된 신병이 일을 잘 못한다는 황당한 이유로 트집을 잡아 때리다가, 나중엔 맞은 자리가 아파 몸을 잘 가누지 못하는 걸 보고는 굼뜨다고 때렸다. 때린 곳을 또 때리고, 멍이 들면 멍을 빼는 약을 발라주고 또 때렸다. 더 고참인 선임이 시켜서 때리고, 짜증나서 때리고, 절뚝거려서 때리고, 잤다고 때리고, 심심해서 때렸다. 폭행은 의무대 복판에서 버젓이 벌어졌다. 의무대 입실 환자들이 보든 말든 신경 쓰지 않았다. 병사들의 건강과 신체를 관리하고 폭력을 막아야 할 의무지원부사관도 윤 일병을 때렸다. 병사들이 모인 자리에서 그는 "병사들 간의 폭행은 인정한다. 말 안 들으면 혼나야지"라고 말했다. 의무지원부사관과 가해자들은 윤 일병의 체크카드를 빼앗아서는 함께 부대 밖으로 성매수를 하러 나갔다. 이들은 자신들의 폭행 사실을 감추기 위해 윤 일병이 의무대 밖으로 나가지 못하게 했다. 밥 먹으러 식당에 가는 일도, 부모님과의 면회도, 전화도, 교회 가는 일도 모두 막았다. 윤 일병은 그렇게 한 달 동안 시들어갔다.

끝날 줄 모르던 참혹한 날들은 4월 6일에 끝났다. 그날 아침도 여느 때처럼 폭행으로 시작됐다. 30분 간격으로 돌아가며 이런저런 이유로 때리고 괴롭혔다. 점심시간 즈음엔 기합도 줬다. 가해자들은 윤 일병의 안색이 안 좋아 보이자 직접 수액을 맞혔다. 그러고는 또 때렸다. 냉동식품을 사 와서 둘러앉아 먹는데 쩝쩝거렸다는 게 폭행의 이유였다. 만두를 억지로 입에 집어넣고 때리고, 바닥에 떨어진 음식물을 핥아 먹게 했다. 몸 상태가 좋지 않아 물을 마시고 온다는 윤 일병에게 3초 안에 마시고 오라 해놓고는 시간을 맞추지 못했다는 이유로 뺑뺑이를 돌리며 계속 때렸다. 30분 넘게 이어진 폭행 끝에 윤 일병이 쓰러졌지만 가해자들은 맥박과 산소포화도를 측정한 뒤 꾀병을 피우지 말라며 계속 밟고 때렸다. 결국 윤 일병은 의식을 잃었고, 응급실로 실려 나갔다.

윤 일병이 사경을 헤매는 사이, 가해자들은 윤 일병이 냉동만두를 먹다 기도가 막혀 죽은 것으로 말을 맞췄다. 이들은 부대로 돌아와 폭행 상황을 목격한 병사에게 입을 다물 것을 종용했다. 한 가해자는 이런 말을 남겼다.

"난 차라리 윤 일병이 안 깨어났으면 좋겠다."

이튿날인 4월 7일, 윤승주 일병은 영영 돌아오지 못할 길을 떠났다.

○

4월 6일, 윤 일병을 병원으로 후송하는 모습을 우연히 목격한 병사가 있었다. 그는 부대로 돌아온 가해자 중 한 명에게 윤 일병의 상태를 물었다. 그러자 겁을 먹은 가해자는 "어디까지 알고 있느냐?"라며 가해자 중 가장 선임이었던 이 병장이 때려서 이렇게 되었고, 말을 맞추고 있다며 비밀을 지켜달라 부탁했다. 그날 밤, 목격자는 오랜 고민 끝에 용기를 내 포대장(중대장)에게 전화를 걸었다. 그는 윤 일병이 냉동만두를 먹다 질식사했다는 건 거짓말이라고, 윤 일병은 맞아 죽은 것이라고 보고했다. 포대장은 바로 의무대로 찾아가 새벽까지 병사들을 면담했다. 가해자들은 가혹 행위는 없었고 화목한 분위기였다며 완강히 부인했지만,

포대장은 윤 일병이 후송되기 직전의 상황을 목격한 입실 환자의 진술을 확보해 폭행이 있었음을 확인했다. 하지만 그 역시 이 사실을 즉시 상부에 보고하진 않았다. 지휘계통을 따라 보고가 이루어진 건 4월 7일 아침 7시 30분의 일이다. 그즈음 가해자들은 윤 일병의 수첩을 찢어서 소각했다.

윤 일병의 숨이 붙어 있던 그날 오후, 육군본부에서는 수뇌부 회의가 열렸다. 아직 살아 있는 윤 일병을 두고 무슨 회의를 했는진 알 수 없지만, 사망 소식이 전해지자마자 이들은 일사분란하게 움직이기 시작했다. 육군 공보 담당자는 윤 일병의 사인이 "기도 폐쇄에 따른 뇌손상", 즉, 질식사라고 공표했다. 아직 검시도 하지 않았을 때였다. 사망 직후 민간 병원에서 발부한 사망진단서에는 직접 사인이 "미상"이라 적혀 있었는데도 그랬다. 뒤이어 이뤄진 검시에서 국방과학수사연구소 법의관은 "윤 일병의 입안에 음식물이 가득했고 민간 병원 의사가 사인은 질식사라고 하였음"이라는 허위사실을 부검감정서에 기재했다. 사인은 육군 수뇌부가 먼저 정하고, 법의관은 그 말을 그대로 받아 적었다.

헌병은 혐의를 부인하던 가해자들을 그날 저녁 긴급체포했으나 현장검증 날짜를 윤 일병의 발인일(4월 11일)로 잡아 유족이 참관할 수 없게 만들었다. 또한 실제로는 당시 상황을 목격했던 입실 환자를 현장검증에선 자고 있었던 것으로 조작하여 검증 과정에서 제외해버렸다. 유가족은 입실 환자와 만나게 해달라고 요청했지만 헌병 측은 당사자가 원치 않는다며 거절했다. 물론 모두 새빨간 거짓말이었다.

이처럼 모든 정보가 차단된 상황에서 유가족은 심증 외엔 진실을 확인할 방도가 없었다. 결국 군검찰은 평소 해당 부대에 폭행이 있었던 것은 맞지만, 윤 일병은 만두를 먹다가 기도가 막혀 죽은 것으로 결론지었다. 그래서 폭행사건과 사망사건을 분리해 가해자들에게 살인죄를 적용하지 않고 상해치사로 기소했다. 그렇게 사건은 일단락되는 듯 보였다.

그러나 그로부터 몇 개월이 지난 7월 31일, 윤 일병 사건이 다시 수면 위로 떠오른다. 제보를 통해 사건 수사 기록을 확보한 군인권센터는 기자회견을 열어 사망의 직접 원인은 폭행이며, 음식물이 기도를 막아 질식사했다는 수사 결과는 조작된 것이라 발표했다. 센터는 4월 6일의 폭행 상황을 낱낱이 폭로하고 부검 결과 몸 곳곳의 근육이 터지고 갈비뼈가 14개나 손상되었으며 비장이 터져 있었다는 사실도 밝혔다. 국방부는 즉각 반발했다. 갈비뼈는 가해자들이 기도가 막혀 의식을 잃은 윤 일병을 살리기 위해 심폐소생술을 하다 부러진 것이고, 사망의 원인은 살인이 아닌 기도 폐쇄 질식사라는 점을 재차 강조했다. 8월 11일에는 육군본부 법무실장이 군 인트라넷 망에 수사는 완벽했다며 수사 결과를 비판하면 명예훼손으로 고소할 수 있다는 글까지 올렸다.

음식을 먹다 기도가 막힌 환자에게 다른 사람도 아닌 의무병들이 하임리히법이 아닌 심폐소생술을 시행하는 것이 말이 되느냐는 지적이 제기되고, 목격자들의 진술이 계속 공개되어도 국방부는 요지부동이었다. 국방부의 조직적 사건 은폐와 조작 의혹에 대해 국민적 분노가 걷잡을 수 없이 커지자 마지못해 군검찰이 공소장을 변경해 살인죄를 적용하지만 1심 보통군사법원은 살인의 미필적 고의를 인정하기 어렵다며 상해치사죄만 적용해 판결했다. 하지만 선고된 형량은 엄청났다. 군사법원은 주범인 이 모 병장에겐 무려 징역 45년을 선고했다. 상해치사에는 적용하기 어려운 형량이라 최종심에서 깎일 가능성이 크다는 우려가 제기되었고, 살인죄를 인정하지 않은 데 대한 유가족의 분노가 거셌지만 군은 가해자를 엄벌에 처했다는 이미지만 챙기고 그대로 재판을 끝냈다.

그런데 2심 고등군사법원은 종전의 판결을 뒤집어 미필적 고의를 인정한다며 윤 일병이 의식을 잃을 당시 폭행에 가담했던 네 명 모두에게 살인죄를 적용했다. 그러곤 형량을 대거 깎았다. 유가족이 주범 이 병장을 제외한 나머지 가해자들을 용서하고 선처를 탄원했기 때문이다. 하지만 대법원의 판단은 달랐다. 대법원은 주범 이 병장에게만 살인죄를 적용하고 나머지 병사들에겐 상해치사를 적용해야 한다며 원심을 파기했다. 수사 결과에 따르면 사망의 결정적 원인이 된 폭행은 주로 이 병장이 했고, 나머지 가해자들은 윤 일병이 쓰러진 뒤로는 폭행을 제지하는 등의 행동을 보였기 때문에 가해자 모두에게 미필적 고의에 의한 살인죄를 적용하는 건 타당하지 않다는 판단이었다. 주범인 이 병장은 징역 40년을 선고받았다.

그러나 매 국면마다 나타난 군의 조직적 사건 축소·은폐 시도와 관련된 사람들은 단 한 명도 처벌받지 않았다. 유가족이 이들을 직접 고소했지만 처벌은 고사하고 기소된 사람조차 없었다. 진실을 규명하기 위한 마지막 방법으로 제기한 민사소송은 사건 발생 8년이 지난 지금도 현재진행형이다.

○

"승주로 인해 군대가 많이 좋아졌다고 해서 그것을 위안으로 삼는다."

윤 일병 어머니의 말이다. 실제로 '윤 일병 사건'은 군인권 이슈의 분기점으로 평가된다. 많은 이들이 윤 일병 사건 이전의 군과 이후의 군은 분명 다르다고 이야기한다. 만연했던 구타가 눈에 띄게 사라진 것이 가장 큰 차이점이다. 장병 인권과 관련한 법령과 제도의 많은 부분이 '윤 일병 사건'을 말미암아 만들어졌다. 평시 군사법원 폐지, 군인권보호관 설치 등 굵직한 군 인권 정책이슈가 본격적으로 부각된 것도 이때부터다. 군대도 바뀌어야 하고 바뀔 수 있어야 한다는 공감대가 우리 사회에 자리 잡았다. 내가 군대에서 누렸던 '좋은 시절'은 그렇게 만들어졌다. 군대 다녀온 사람들이 늘 하는 말이 있다.

"요즘 군대가 군대냐?"

1980년대에도, 1990년대에도, 2000년대에도, 그리고 윤 일병이 쓰러진 그날에도 누군가는 그렇게 말했을 것이다. 세상이 나아가는 만큼 군대도 더디게나마 바뀐다. 하지만 수많은 변화 속에서도 바뀔 수 없는 한 가지가 있다. 윤승주. 우리 곁을 떠난 윤승주가 잃어버린 좋은 시절은 돌아오지 않는다. 군대가 아무리 좋아져도 그건 바뀔 수 없다. 반성과 후회가 덕지덕지 발린 세상을 살아가기란 얼마나 아픈가. 바꿔둔 좋은 세상에서도 바뀔 수 없는 것들이 있다. 예전보다 좋아진 무언가, 그 착시에 가려져 시들어가는 이들. 알면서도 부러 기억하지 않으면 잊기 쉬운 것들.

'진짜 군대'

〈가짜사나이〉에 열광하고 〈D.P.〉에 분노하는 이들

2018년, 병사의 병영 내 핸드폰 사용이 일부 부대에서 시범운영되던 시기에 국방부 관계자로부터 흥미로운 이야기를 전해 들은 적이 있다. 병사의 핸드폰 사용에 관한 국민 여론을 파악해보니 가장 많이 반대하는 집단이 30대 남성이고 그다음이 40대 남성이라는 것이다.

이상한 일이었다. 30대 남성이라면 그 대다수는 전역한 지가 10년 남짓 밖에 되지 않았을 것이다. 즉 제대한 지가 오래되지 않은 사람들인 것이고, 그렇다면 그들 또한 군 생활 중에 핸드폰을 사용하고 싶어 했을 테니 현재 병사들의 마음을 모르지 않을 것이다. 나도 그랬다. 또래 간부는 핸드폰을 쓰는데 왜 병사는 안 되나 하는 불만을 한 번씩은 가져보았을 것이다. 그런데 무슨 까닭으로 반대하는 것인지 선뜻 이해가 되지 않았다. 흔히 얘기하듯, 그저 '내가 당해봤으니 너도 당해봐라' 하는 꼬인 마음인 것일까?

그런데 얼마 뒤, 〈조선일보〉의 '조선일보를 읽고'(2019. 1. 4.) 코너를 보고 어렴풋이 그 까닭을 짐작할 수 있었다. 한 독자가 〈文 대통령 "장병도 평일 외출·외식" 신병들 "와~"〉(2018. 12. 29.) 제하의 기사를 읽고 아래와 같은 의견을 남겼다.

"(…) 요즘 젊은이들은 나약한 데다 고생스러운 일은 외면하고, 쉽게 좌절하고 패기가 없다고 한다. 그래서 군대에 가서 엄격한 규율을 몸에 익혀 강인한 젊은이로 성장하기를 바라는 부모들이 많다. 군생활을 편하게 해주는 것이 진정으로 병사를 위한 길인지 생각해보아야 한다."

부모의 보살핌 속에 자유로이 지내던 어린 시절을 청산하고 엄격한 통제 속에 군기 잡힌 생활을 하면서 '진정한 사나이'로 거듭나야 하는데, 사회에서와 마찬가지로 핸드폰을 쓰고 아무 때나 외출하면 인간 갱생이 가능하겠느냐는 반문이다. 아마 병사들의 핸드폰 사용을 반대하던 3040 예비역의 속마음도 이와 크게 다르지 않았을 것이다.

"세상이 원하는 '진짜 인간'이 되려면 '진짜 군대'를 겪어봐야 해."

제대하고 사회생활을 해보니 조직의 통제에 따라 하고 싶은 일과 하고 싶은 말을 참아보는 경험도 필요하더라는, 그런 인생 선배의 마음이었으리라.

○

2020년 무렵부터 군대 관련 영상 콘텐츠가 대단한 인기를 얻었다. 〈가짜사나이〉, 〈강철부대〉가 대표적이다. 이 흐름을 만들어간 〈가짜사나이〉 시즌 1은 에피소드마다 수백만 회에 달하는 조회수를 기록하며 예능 콘텐츠 생태계를 뒤흔들었다. 출연진도 일약 스타덤에 올랐다. 시즌 2가 시작할 때쯤에는 출연을 희망하는 사람이 줄을 잇는 통에 면접을 통해 이들을 선발하는 과정까지 흥행을 탔다.

그 와중에 한국PD연합회가 발행하는 미디어 전문지 〈PD저널〉이 유튜브에 올라간 〈가짜사나이〉 시즌 1 일곱 편에 달린 댓글 총 27만 9,500개를 웹크롤링 방식으로 분석해 자주 언급된 단어를 뽑았다. 가장 많이 나온 단어는 '진짜'(2만 6,963회)였다.

사람들은 왜 '가짜'를 제목에 달고 나온 콘텐츠에서 '진짜'를 찾을까? 기존 매체가 다루던 군대 예능은 연출된 가짜고, 〈가짜사나이〉야말로 리얼한 모습을 보여준다고 여겼기 때문일까. 아니면 '가짜 사나이'였던 출연자들이 극한의 훈련을 이겨내고 '진짜 사나이'로 변해가는 모습에 이입한 것일까. 혹시 현실 군대의 모습은 당나라 군대고 〈가짜사나이〉에 나오는 모습이 군대의 참모습이란 뜻은 아닐까. 궁금했다.

〈가짜사나이〉는 인간 갱생 콘셉트로 시작했다. 강도 높은 군사훈련으로 출연자를 새로운 사람으로 거듭나게 한다는 것이 주된 스토리 라인이다. 한국 사람에게 익숙한 문법이다. 철없이 살던 젊은 남자가 머리를 빡빡 깎고 입대해 자기 극복을 이뤄내는 서사. 징병제 국가 대한민국에서 군대는 나라를 지키러 가는 곳이지만, 한편으로 '진짜 인간', '진짜 남자'가 되기 위해 가는 곳이기도 하다.

'군대 가야 사람 된다.'

제작진은 이 코드를 정확하게 자극했고, 결과는 대박이었다.

○

그리고 2021년, 군대를 주제로 한 콘텐츠 하나가 또 대박을 쳤다. 탈영병 잡는 군무이탈체포조를 다룬 웹툰 〈D.P

개의날〉을 원작으로 하는 넷플릭스 드라마 〈D.P.〉가 그랬다. 각각의 사연을 지닌 탈영병들과, 그들을 잡으러 가는 군무이탈체포조 D.P.를 실감나게 다뤘다며 호평을 받은 드라마 〈D.P.〉는 한국을 넘어 전 세계에서 흥행에 성공했다.

이 드라마는 총 6회로 구성되었는데 나오는 탈영병은 다섯 명이다. 더 참을 수도, 참지 않을 수도 없는 탈영병들은 언젠가 잡힐 걸 알면서도 부대로 돌아가지 않는다. 폭력과 부당을 꾹꾹 눌러 참아내던 병사들이 하염없이 돌아가는 침묵의 비디오에 '일시정지' 버튼을 눌러놓곤 각자의 방식으로 저항한다. 자거나, 도망가거나, 시간을 벌거나, 복수하거나. 그리고 죽거나. 그러나 잠시 멈춰 세운 삶은 이내 군무이탈체포조(이하 '군탈체포조')에게 잡혀 다시 재생되고 만다. 다시 돌아가는 비디오에서 바뀐 건 꼬여버린 탈영병들의 삶뿐이다.

드라마 〈D.P.〉에서 가장 와 닿았던 대사는 주인공 안준호의 "군대에 오지 않았다면 탈영할 일도 없지 않았을까요?"였다. 거대한 군대는 한국전쟁 때부터 써온 낡은 수통처럼 쉽사리 바뀌지 않는다. 군탈체포조 역할을 맡은 주인공들에게 탈영병은 풀어야 할 '문제'가 아니라 잡아와야 할 '실적'에 불과하다. 그런데 문제가 해결되지 않아야 실적을 계속 쌓을 수 있다는 점에서 탈영병 잡는 D.P.는 변하지 않는 군대를 표상하는 역설적 존재가 된다. 그러므로 군대에 오지 않았다면 탈영할 일도 없었을 것이란 안준호의 말은, 군대가 존재하면 탈영도 계속되리란 씁쓸한 자조다.

〈D.P.〉가 인기를 끌었던 건 저마다의 경험으로 저마다의 맥락을 읽어낼 수 있는 드라마였기 때문일 것이다. 볼거리만큼 읽을거리도 많은 콘텐츠였다. 드라마가 낳은 또 다른 드라마가 많았다. 실감 나는 묘사로 자신의 군생활을 회상하게 되어 외상후스트레스장애(PTSD)가 올 것 같다는 감상평을 많이 접했다. 군생활을 경험하지 못한 이들에게서도 적잖은 충격을 받았다는 이야기를 여러 번 들었다.

그런데 한 예비역 장군이 이 드라마를 보고 SNS에 "10~15년 전에 가장 문란한 부대들에서나 일어날 가장 극단적 상황을 모아서 흥미롭게 만들었다"라고 올리면서 현실과는 동떨어져 있다는 평을 남겼다가 빈축을 샀다. 물론 극이니까 극적으로 만든 것임을 부정할 수는 없다. 드라마의 장면들이 일반화될 수 없는 것도 당연하다. 하지만 중요한 건 우리 군대가 여전히 누군가 마음만 먹으면 남의 인격을 짓밟고 권리를 침해할 수 있는 조직문화 위에 세워져 있다는 점이다. 부당과 부정을 조용히 참고 사는 것이 미덕으로 받아들여지는 군대문화가 버티고 서 있는 한, 고통의 형태와 양상이 달라질 뿐 고통받는 이들은 사라지지 않는다는 것, 드라마와 시청자가 나눈 교감은 여기에 터 잡고 있다.

진짜보다 더 진짜 같다는, 그래서 한국 군대를 이해하고 싶다면 꼭 보라고 군대 다녀온 이들이 추천해 마지않는 드라마 〈D.P.〉. 병사들이 휴대폰 쓰는 걸 보며 군대는 군대다워야 한다고 말하던 사람들은 그렇게 〈가짜사나이〉를 보면서도 '진짜'를 말하고, 〈D.P.〉를 보면서도 '진짜'를 말한다. 이 선뜻 이해할 수 없는 간극에서 우리나라의 군대 문제가 시작된다.

○

〈가짜사나이〉에 대한 여러 논쟁 중 으뜸은 '폭력성'이었다. UDT/SEAL 훈련을 모티브로 한다는 점을 감안하더라도 기본적으로 콘텐츠에 등장하는 장면들이 상당히 폭력적이다. 시즌 1 에피소드 5에는 시작부터 훈련 참가자들이 얼차려를 받는 장면이 나온다. 한 명의 참가자가 저지른 과오로 참가자 전원이 얼차려를 받게 된 상황이었다. 그런데 교관은 정작 과오를 저지른 참가자는 가만히 세워두고, 나머지 참가자들에게 '물속에 머리 박기' 등의 가혹한 얼차려를 부과한다. 말이 좋아 물속에 머리 박기지, 물속에서 숨을 참다가 잠깐 숨을 쉬게 했다가 다시 숨을 참게 한다는 점에서 그 방식이 물고문과 다를 것이 없었다. 그렇게 동료들이 고통 속에 몸부림치는 것을 지켜보던 열외자에게 교관은 폭언과 인격모독을 서슴지 않는다. "다시 태어나려고 온 것 아니냐?"라고 고함치는 교관 앞에서 참가자는 눈물을 흘린다.

무언가를 잘못한 사람에게, 별달리 잘못한 것 없는 다른 이들이 자기로 인해 피해를 입는 모습을 전시하며 심리적으로 압박하는 건 아주 폭력적인 교육 방식의 전형이다. 잘못한 사람에게 죄의식에 기초한 신체적·정신적·사회적 공포를 주입해 반성을 강요하기 때문이다. 〈가짜사나이〉에서는 이런 식의 교육이 끈끈한 동료애나 공동체의식, 연대감을 심어준다고 이야기하는데, 과연 현실도 그러한지는 의문이다.

죄 지은 것 없이 벌을 받으면 사람은 본능적으로 억울하고 화가 난다. 그렇기 때문에 이런 일이 생기면 곧장 원인 제공자에 대한 집단따돌림이나 폭력으로 이어질 수 있다. 사람들은 그걸 보고 두려움을 느끼며 비슷한 잘못을 저지르지 말아야겠다는 집단적 교훈을 얻는다. 이처럼 〈가짜사나이〉가 표상하는 소위 '군기 잡는 모습'이란 한국 군대의 고질적인 악·폐습 그 자체다. 2019년 육군사관학교는 한 생도의 비행을 이유로 모든 생도에게 일주일간의 야간 구보를 지시했다가 군인권센터와 국가인권위원회로부터 연좌제란 지적을 받고 시정한 바 있다. 2020년에는 육군 모 부대 대대장이 한 병사가 무언가를 잘못했다며 단체 얼차려를 준다고 자정 가까운 시각에 병사 300명을 연병장으로 불러내 기합을 줬다가 보직 해임이 되었다. 〈가짜사나이〉가 연출한 '군대다운 모습'은 실상 현실에 닿으면 인권침해요, 폭력이며, 악·폐습이 된다.

군에서 발생한 인권침해 사건이 언론에 보도될 때마다 군인권센터로 전화가 걸려온다. 10년 전에, 20년 전에, 심지어는 1970~1980년대에 군대에서 누구에게 맞았다거나 가혹행위를 당했다는 내용이다. 시간이 너무 많이 지나 법적으로 구제받을 방법이 없다고 차근차근 설명하면 대부분 뉴스를 보고는 잊었던 기억이 떠올라 하소연이라도 하고 싶어 전화한 것이라 이야기한다. 드라마 〈D.P.〉를 보고 트라우마를 느꼈다던 이들도 비슷한 심정이었을 것이다.

그렇게 많은 사람이 저마다 군대에서 얻은 크고 작은 생채기를 품고 살아간다. 이것이 군대가 만들어낸 '진짜 인간'의 씁쓸한 현주소다. 폭력의 경험은 마음 깊숙한 곳에 남아 절대 지워지지 않는다. 폭력적인 군대문화가 빚어낸 사람은 인간 갱생을 체험한 번듯한 사회인이 아니다. 그저 어딘가 망가지고 다친 사람일 뿐이다.

그런데 우리는 그걸 알면서도 또 모른다. 〈D.P.〉를 보고 괴로워하던 이들이, 〈가짜사나이〉를 보면서는 고개를 끄덕인다. 나를 괴롭게 만든 것들이 어느새 나의 삶 속에 뿌리내려버렸기 때문일까. 그렇게 〈D.P.〉도 〈가짜사나이〉도, 모두 '진짜'가 된다.

그리고 현실의 '진짜 군대'에선 오늘도 누군가 죽고, 다치고, 아파한다, 여전히.

인권도 작전처럼

군대에선 왜 같은 문제가 반복되는가?

"어? 이 사람."

한 해병대 병사가 내 SNS 계정을 팔로우했기에 그의 계정에 들어가보니 낯익은 얼굴이었다. 동료들과 외출·외박을 나와서 재밌게 놀고 있는 사진이 올라와 있었다. 댓글창에선 그 또래의 병사들이 농담을 하고 있었다. 선·후임들인 것 같았다. 마음이 놓였다. 이후로도 종종 올라오는 소식을 보면서 늘 그랬다. 그리고 1년 후인 2020년 여름께 그 병사로부터 한 통의 메시지를 받았다. 몸 건강하게 무사히 전역했다며 고맙다는 인사를 담고 있었다.

그는 2019년 초 군인권센터의 인권침해 상담과 지원을 받았던 사람이다. 서해 인근의 부대에서 근무하던 이병 시절 선임 해병들에게 밤낮을 가리지 않고 구타와 폭언, 가혹 행위를 당했다. 그렇게 두들겨 맞아도 그러려니 하는 분위기였다고 한다. 별다른 이유도 없었다. 겉보기엔 피해자가 가해자들보다 덩치도 한참 커 보였다. 그래도 어쩌겠는가. 선임이 때리니 묵묵히 맞고 있을 수밖에.

그러다 신고를 결심한 그를 찾아가 만났을 때의 기억이 선명하다. 신고하지 않았을 때 계속 겪게 될 폭력에 대한 두려움과 신고해도 상황이 나아지지 않을 것이란 두려움이 뒤섞인 절망스러운 눈빛을 잊을 수가 없다. 차근차근 다독여 가해자들을 고소할 준비를 하고 피해자 보호가 이루어질 수 있게끔 여러 조치를 취하는 와중에도 두려움의 높이를 낮추는 데는 꽤 오랜 시간이 걸렸다.

이후 군사경찰에서 피해자 조사를 받을 때는 신뢰관계인으로 조사에 입회했다. 조사 중간 쉬는 시간에 수사관과 잠깐 이야기를 나눌 기회가 있었다. 수사관에게 이런 식의 구타 사건이 여전히 많은지 물었다. 2014년 육군 제28사단에서 발생한 '윤 일병 사망사건' 이후 병영 내 구타나 가혹행위 사건이 많이 줄어든 것이 통계상으로도 확인된다고 알고 있었으나 다시 충격적인 구타 사건을 마주하게 된 터라 추세가 궁금했다. 그런데 수사관이 뜻밖의 이야기를 했다.

"해병대는 특성상 여전히 구타 사건이 종종 발생하는 편입니다. 피해자와 가해자가 합의를 보는 경우가 많아 외부로 알려지지 않을 뿐입니다."

○

돌이켜보면 해병대에서는 주기적으로 엽기적이라 할 정도의 인권침해 사건이 발생했고, 그날 이후로도 그랬다. 군인권센터에서 처음 일하기 시작했을 무렵인 2016년 여름, 해병대에서는 이른바 '악기바리' 사건이 터졌다. 악기바리는 해병대에서 전해지는 전형적인 악·폐습의 하나로 후임에게 음식을 잔뜩 사다주곤 계속 먹으라고 강요하는 야만적인 식(食) 고문이다. 사실 구타는 맞은 자리에 멍이 들고 상처도 생기지만, 식고문은 흔적이 남지 않는다. 속이 더부룩하고 배가 아픈 건 직접 말하지 않으면 아무도 모르니 누가 알아채기도 힘들다. 참으로 잔인한 행위가 아닐 수 없다. 당시 피해자는 밥을 먹은 뒤 빵, 피자, 치킨, 초콜릿, 우유, 음료수 등을 강제로 먹는 악기바리를 한 달 동안 열 번이나 당했다. 가령 급식을 먹고 나서 치킨 두 마리, 초코파이 한 상자, 과자 세 봉지, 빵 세 개, 음료 1.5리터를 통째로 다 먹이는 식이었다.

사건이 공론화된 뒤 여론의 뭇매를 맞은 해병대는 사태의 심각성을 깨닫고 대책 마련에 들어갔다. 그중 하나가 해병대사령관의 결단으로 만들어진 '해병대 인권자문위원회'였다. 위원회에는 외부의 인권 전문가가 다수 포함되었다. 군 조직의 폐쇄성을 고려하면 사령부가 민간인과 함께 자문위원회를 꾸린 것은 용기 있는 행동이었다. 위원회는 해병대에서 발생하는 각종 인권침해 사건을 검토하고 대책 수립을 자문했으며, 해병대 역시 위원회에서 논의된 결과를 충실히 이행해나갔다. 이러한 노력 덕분인지 얼마 동안은 큰 사건이 터지지 않았다. 그런데 사령관이 바뀐 뒤 해병대사령부는 소기의 목적을 달성했다는 판단을 내렸는지 2019년 2월 자로 위원회를 해산했다. 이만하면 되었다는 생각이었던 것으로 보인다. 일부 위원들이 우려를 제기했지만 해산은 그대로 진행되었다. 그리고 얼마 지나지 않아 그 후과가 나타났다.

선임이 신병에게 잠자리를 잡아 오라고 시킨 뒤 산 채로 먹이려 한 사건, 후임에게 개 흉내를 내며 네발로 걸어 다니게 한 사건, 치약으로 후임의 머리를 감긴 사건 등 언론을 통해 보도된 인권침해 사건만 해도 부지기수다. 모두 2019년부터 2020년까지 있었던 일이다. 가장 충격적인 사건은 2020년 하반기에 있었던 성추행 사건이었다. 선임 해병들은 장장 6개월 동안 후임을 괴롭혔다. 구타만 한 것이 아니라 피해자를 성적으로 괴롭히고 추행하며 '갖고 놀았다'. 처음엔 가해자들이 바지를 벗고 피해자를 희롱하는 정도였는데, 차츰 정도가 심해져 샤워장에서 피해자를 부동자세로 세워놓고 성추행하기에 이른다. 안타깝게도 피해자는 이런 일을 당하면서도 선임들에게 "감사합니다!"를 복창했다. 심지어 가해자 중 하나가 전역하면 대를 이어 괴롭힐 다음 후임을 정해 피해자를 '인계'해주기까지 했다. 가해자인 선임들은 피해자를 사람으로 대하지 않았다. 그들은 후임을 '장난감'으로 여겼다. 이 사건 이후로 해병대는 인권자문위원회를 다시 꾸렸다.

○

해병대에서 벌어지는 인권침해 사건에는 몇 가지 특징이 있다. 우선 괴롭힘의 양상이 비슷하다. 사건이 발생한 부대, 가해자, 피해자가 모두 다른데도 악기바리, 곤충 먹이기, 몸에 모욕적인 말 낙서하기, 성적 괴롭힘 등 흡사한 괴롭힘의 형태가 반복된다. 소위 '오도(誤導) 해병'이라는 단어로 소개되는 해병대 특유의 기상천외한 괴롭힘 방식이 그것이다.

병사들 사이에서 벌어지는 일을 간부들이 잘 모르거나,

알아도 모르는 체한다는 특징도 있다. 해병대에는 병사들끼리 '우리의 주적은 간부'라 외치며 병영 악습을 간부에게 이야기하면 소위 '기수열외'를 시켜 투명인간 취급하는 못된 폐습이 있다. 그 탓에 피해를 당해도 선뜻 신고하지 못한다. 상담을 하다 보면 해병대 피해자들은 하나같이 오랜 시간 참고 견디느라 몸과 마음이 깊이 병든 뒤에야 구제를 호소한다. 긴 기간 동안 반복된 구타와 가혹행위를 군 간부들이 인지하지 못하는 까닭이기도 하다. 여기에 간부들이 개입해봐야 해결되지 않는다는 인식, 인권침해를 고유의 해병 문화라며 묵인하고 넘어가는 풍토가 더해져 휘하 부대에 인권침해가 횡행해도 방관하거나 묵과하는 경우가 많다.

그러다 보니 괴롭힘도 음지에서 몰래 이뤄지지 않는다. 앞서 소개한 사건들, 곧 음식을 강제로 먹이고, 잠자리를 잡아다 먹이고, 때리고, 추행하는 일 모두 대낮에 공개된 장소에서 여러 사람이 보는 가운데 버젓이 벌어졌다. 누가 제재하지도 않고, 가해자를 말리거나 피해자를 돕지도 않는다. 폭력에 일상적으로 노출되어 무감해진 탓도 있을 것이고 해병대라면 그래도 된다고 여기는 문화 탓도 있을 것이고, 괜히 나섰다가 기수열외가 될까 싶은 두려움 탓도 있을 것이다. 이처럼 간부들은 묵인하고, 병사들은 침묵하는 가운데 끔찍한 인권침해는 하나의 '문화'가 되어 당연하고 마땅한 일로 여겨진다.

그래서 해병대에서 벌어진 인권침해 사건에 빠지지 않고 등장하는 말은 "나도 당해봤어"다. 가해자들은 피해자를 괴롭힐 때 자기도 예전에 비슷한 일을 당했다며 자기 행동을 정당화한다. 여기에는 두 가지 의미가 따라붙는다. 해병대는 원래 그런 곳이라 저항하거나 신고해봐야 소용없다는 절망이 첫째요, '너'도 언젠가 '짬이 차면' 후임을 괴롭힐 '권리'를 얻게 될 것이라는 희망이 둘째다. 폭력으로부터 탈출하는 유일한 방법은 폭력을 저지를 수 있는 사람이 되는 것뿐이라는 '해병대 문화'가 이렇게 탄생한다. 선임들의 가혹한 괴롭힘을 견디고 버텨내 함께 폭력을 행사할 수 있는 위치에 섰을 때 비로소 해병대 문화를 온몸으로 체화한 '진짜 해병'이요 '진짜 남자'가 되어 소위 '해병대 정체성'을 갖게 되는 것이다.

그러나 상상 속의 '멋진 해병대 사나이' 같은 것은 세상에 없다. 문화의 껍데기를 뒤집어쓴 폭력으로 병들거나, 남을 병들게 하거나, 또는 둘 다이거나. 이 씁쓸한 진실을 '귀신 잡는 해병대'라는 허풍과 허황함으로 포장해놓았을 뿐이다.

○

간혹 이 악순환을 끊어내는 이들이 있다. 다시 이 글의 서두로 돌아가면, 서해 인근의 부대에서 벌어진 사건도 그랬다. 군인권센터가 긴급히 사건에 개입해 지원한 후로 가해자들은 미약하나마 법의 심판을 받았고, 다행스럽게도 피해자는 새로운 부대로 소속을 옮겨 일상을 되찾았다. 그가 군생활 중에 다른 병사가 겪는 병영 부조리를 목격해 이를 신고하고 바로잡기 위해 애썼다는 미담을 병사의 부모님을 통해 전해 들은 기억도 난다. 아들이 자기가 겪었던 피해를 후임들에게 대물림하지 않고 자기가 겪은 일들이 반복되지 않도록 하려고 다른 피해자들을 위해 두 팔 걷고 나서는 모습이 기특하다며 대견해하는 모습에 괜스레 내 마음도 벅찼다. 폐쇄적인 군 조직에서 발생하는 인권침해를 다룰 때는 사건을 해결하는 일 못지않게 폭력의 대물림을 끊어내는 데에도 많은 관심을 두어야 한다. 그렇기에 그의 전역 인사는 사건을 지원했던 사람에게 참 반갑고 보람된 소식이었다.

그러나 개인의 결심과 노력만으로 조직 전반에 배어 있는 케케묵은 폭력의 문화를 바꿀 순 없다. 하나의 사건을 해결한다고 일벌백계의 교훈이 남는 것도 아니다. 인권에는 완성형이 없다. 여러 사람이 맞부딪치며 살아가는 인간 사회에서 구성원이 많이 배우고 많이 안다고 인권 문제가 발생하지 않는 것도 아니고, 보호장치를 겹겹이 갖춘다고 권리보호가 빈틈없이 이루어지는 것도 아니다. 매 순간의 섬세한 노력과 관심이 더해지지 않는다면 언제든 피해 입는 사람이 생길 수 있다. 해병대처럼 권력관계가 촘촘하고 뚜렷한 조직일수록 더욱 그렇다. 따라서 인권옹호의 핵심은 매 순간의 섬세한 노력과 관심을 어떻게 상시적인 시스템으로 구축해나가느냐에 달려 있다.

2019년 해병대의 인권자문위원회 해산은 '인권옹호'를 군사작전처럼 '임무 달성'의 관점으로만 바라보았기에 가능했던 발상으로 보인다. 인권 문제를 대하는 군의 고질적 태도다. 해병대는 인권자문위원회가 활동한 2년 남짓한 시간을 외부의 감시자를 통해 인권 상황을 지속적으로 점검하고 개선해나가는 상시적 시스템을 구축하는 데 쓰기보다는, '인권 상황 개선'이란 목표 달성의 기간쯤으로 인식했던 것이다. 인권에 대한 지휘부의 그릇된 인식이 오랜 시간 힘써 이룬 성과를 한순간에 수포로 돌리는 촌극을 빚어낸 셈이다.

비단 해병대만의 문제가 아니다. 정도와 수준, 특성의 차이는 있겠으나 여전히 병영 곳곳에서 구타·가혹행위와

인권침해가 발생하고 있다. 국방부와 육·해·공군이 앞다투어 인권 전담기구를 신설하고 상담창구를 열지만 인권침해 사건은 끊이지 않는다. 계급 질서의 장막 속에서 암암리에 크고 작은 형태의 폭력이 대물림되는 구조가 지금도 병영에서 재생산되고 있는 것이다. 군이 폐쇄 조직이기 때문이다. 폐쇄된 계급사회에서 '폭력'은 언제나 '문화'가 될 채비를 갖추고 있다. 비슷한 사건이 반복되는 데는 다 이유가 있다.

두 사람

이예람 (1998~2021)

죽음의 도돌이표

공군 이예람 중사 성추행 사망사건

여군은 술 따르는 사람이 아니다. 그러나 술상에 여군을 차리길 원하는 이들이 있다. 포털에 '여군 회식 성추행'으로 검색하면 동료 여군을 시녀로 보는 남군이 얼마나 많은지 알 수 있다.

2021년 3월 2일에도 그랬다. 공군 제20전투비행단에서 복무 중이던 여군 중사 한 사람이 얼굴도 모르는, 상급자의 친구가 주선한 술자리에 참석하라는 지시를 받았다. 자리에 함께한 이는 다섯이었다. 남군 상사와 그의 민간인 친구, 상사의 신임을 받는 남군 중사. 그리고 억지로 참석한 여군 중사와, 이들을 데리고 갈 차를 운전할 하사. 면면이

의도가 읽히는 술자리다. 얼마 뒤 술자리에 참석했던 네 사람의 군인은 모두 수사를 받았다. 그중 한 명은 강제추행, 둘은 사건 은폐와 무마 시도로 피의자가 되었다. 다른 한 명은 회식이 끝나고 돌아오는 길에 강제추행을 당해 피해자 조사를 받았다. 그리고 81일 뒤, 세상을 떠났다. 그녀의 이름은 이예람이다.

사건이 언론에 폭로된 후 공군이 국회에 제출한 사건 보고서에는 이 술자리가 "음주 회식"이었다고 쓰여 있었다. 국방부장관도 6월 9일 국회 국방위원회 회의에서 그렇게 보고했다. 되묻지 않을 수 없다. 어떻게 이것이 회식인가. 회식은 공무다. 모두 기록으로 남긴다. 남군 선임이 민간인 친구와 벌인 술판에 억지로 후임 여군을 끌고 가는 회식 같은 건 없다. 하지만 국방부에는 이 자리가 회식으로 보였던 모양이다. 술상에 여군을 차리고 놀아도 문제의식을 갖지 못하는 사람들. 이들은 성폭력과 성희롱과 성차별이 뭔지 여전히 모른다. 온갖 성폭력 예방 지침과 피해자 지원 매뉴얼을 복잡다단하게 갖추고 있어봐야 쓸모가 없다. 하얀 것은 종이요, 검은 것은 점일 뿐이다. 비극의 반복은 이렇게 시작됐다.

○

2013년에는 육군 제15사단, 2017년에는 해군본부, 그리고 2021년에는 공군 제20전투비행단에서. 4년에 한 번씩 여군이 성폭력으로 사망했다. 이 절망의 고리를 끊고 싶다면 절망의 호흡을 거슬러 따라가야 한다. 성폭력 사건으로 피해자 여군이 사망하는 일이 주기적으로 반복되는 것은 군이 이 과정을 하나하나 따라 밟지 않고 마구 건너뛰기 때문이다. 죽음과 죽음 사이에는 그 틈을 빼곡하게 메우고 있는 숱한 일상의 비극이 있었다. 사람들은 매번 분노했고 매번 슬퍼했다. 그러나 군은 어떤 순간에 피해자가 삶을 갈구했고 그때마다 왜 절망했는지 제대로 짚어보지 않았다. 그랬기에 결국 파편화된 기억들만 남게 되었다. '누가 죽었다', '누가 성폭행을 저질렀다', '누가 어떤 처벌을 받았다'와 같은 낱장의 파편들.

이 중사는 살기 위해 애썼다. 3월 2일 밤 사건 직후부터 3월 3일까지 동료와 상급자들에게 수차례 피해 사실을 알렸고 절차에 따라 보고도 했다. 증거를 확보하기 위해 사건 당시 차량을 운전한 하사를 만나 블랙박스도 받았다. 3월 5일에는 군사경찰에 출석하여 피해 사실을 소상히 진술했다. 피해자는 하루 속히 사건을 해결하고 일상을 회복하고 싶어 했다.

그러나 이 중사는 절망했다. 가해자는 가해 직후 이 중사를 쫓아가 신고할 테면 해보라며 사과를 빙자해 도리어 협박을 가했다. 상급자들은 피해 사실을 보고받자마자 사건을 무마하려 회유를 시작했다. 3월 3일 밤에 소속 대대장, 3월 4일 아침에 비행단장이 보고를 받았지만 피해자와 가해자는 분리되지 않았다. 성폭력 피해자에게 주어지는 60일간의 청원휴가를 받긴 했지만 수사절차에 응해야 했던 이 중사는 부대 관사를 떠날 수 없었다. 문밖을 나서면 언제든 가해자와 마주칠 수 있는 곳에서 이 중사는 불안에 떨었다.

소속 대대장은 공군본부 인사담당자에게 피해자와 가해자가 분리되어 있다고, 또 가해자의 타 부대 파견을 조사 이후로 연기해달라는 군사경찰의 요청이 있었다고 거짓말을 해 파견 일시를 늦췄다. 그 사이 가해자는 부대를 활보하며 동료들에게 "회식 다녀오다가 차에서 일이 있었다. 일상적으로 있을 수 있는 일인데 신고를 당했다. 선배님들도 여군 조심하세요."라고 말하거나, 피해자가 받아주어 한 행위일 뿐이라며 이 중사를 음해하고 다녔다. 그뿐인가. 이 중사의 상급자들은 같은 부대에 근무하던 이 중사의 남자친구까지 불러내선 없던 일로 해달라고 설득하기를 요청하기도 했다. 그렇게 피해자를 부대에서 치워버린 이들은 피해 발생으로부터 보름이 지난 3월 17일이 되어서야 가해자를 다른 부대로 파견 보냈다. 가해자가 떠난 자리에는 이 중사가 예민해 죄 없는 사람을 쫓아낸 거란 소문이 들어섰다.

피해자를 보호하고 가해자를 엄벌에 처해야 할 수사기관의 대처도 이상했다. 군사경찰은 이 중사를 조사해 성추행과 2차 피해 정황을 확인해놓고도, 가해자를 불러보지도 않은 채 불구속 수사 방침을 세워 상부에 보고했다. 가해자의 진술도 들어보지 않은 상태에서 수사 가이드라인부터 세운 셈이다. 참고로 공군은 「공군검찰지침」을 통해 성범죄 가해자에 대한 원칙적 구속 수사 지침을 세워두고 있다. 그럼에도 신속하게 불구속 수사 방침이 정해진 까닭은 여전히 알 수가 없다. 수사의 첫 단계에서부터 이해할 수 없는 일이 너무 많았다.

그래도 이 중사는 살기 위해 애썼다. 국선변호인을 맡은 군법무관에게 2차 피해 상황을 호소하며 엄벌을 탄원했다. 상담을 받으러 다녔고 좋지 않은 생각이 든다며 SOS를 보내기도 했다. 그래도 상황이 나아질 기미가 보이지 않자 가해자가 남기고 간 소문과 회유로 옥죄는 상급자들을 떠나 다른 부대로 전출 가기를 희망했다. 하지만 절망의 호흡은 끝내 가라앉지 않았다. 국선변호인은 2차 피해를 호소하는 탄원서를 받고 한 달 동안 그대로 갖고만 있었다. 담당 군검사는 이 중사가 위태로운 상황에서 2차 피해를 겪고 있다는 사실을 알고 있었다. 그러나 이 중사가 세상을 떠나기 전까지 아무런 수사도 진행하지 않았다. 그가 한 일은 그저 사건과 관계없는 동기 군법무관들과 함께 쓰는 단체 채팅방에 피해자의 상태를 공유한 것뿐이다. 불안과 고립감 속에 피해자의 생이 나날이 말라갔다.

SOS를 보낸 이후 내몰리듯 전출된 새로운 부대에선 이미 이 중사가 성추행 피해자라는 소문이 파다하게 퍼져 있었다. 전출 오기 전에 근무하던 부대의 중대장이 새로운 부대의 중대장에게 "피해자가 좀 이상하고 20비행단 관련 언급만 해도 고소하려고 한다"라는 거짓말로 흉을 봐두었기 때문이다. 전출 온 부대에서도 상급자들은 이 중사를 피해자가 아닌 문제아로 취급했다. 쓸데없이 시비를 거는 이들도 있었다. 너무 많은 이들이 피해자가 일상으로 돌아가는 길을 방해했다. 그래서 5월 21일, 이 중사는 일상 너머의 먼 곳으로 발길을 돌려 떠났다.

○

다음 날인 5월 22일 이 중사가 발견되었다. 피해자가 유명을 달리한 뒤에도 이렇다 할 수사는 진행되지 않았다. 가해자 구속은 고사하고 압수수색도 진행되지 않았다. 담당 군검사는 압수수색 영장을 발부받아놓고도 집행을 안 했다. 그렇게 열흘이 지난 5월 31일 사건이 언론에 폭로되었다. 다음 날인 6월 1일엔 국방부장관이 사건 관할을 공군 군검찰에서 국방부 검찰단으로 당겨 올렸다. 공군에 수사를 맡길 수 없다는 불신의 표현이었다.

그로부터 3일이 지난 6월 4일 공군참모총장이 이 중사 사망에 대한 책임을 통감하며 사의를 표했다. 대통령은 80분 만에 사의를 수용했다. 당시 청와대는 대통령이 "보고와 조치 과정을 포함해 최고 상급자까지의 지휘 라인 문제도 엄정하게 처리해나가라"라고 지시했다고 밝혔다. 참모총장 본인이 조사·수사를 받을지 모르는 사안이 겹쳐 있기 때문에 사의를 수용했지만 당장 전역하는 것은 아니고 별도의 절차가 필요하다는 설명도 덧붙였다.

다시 사흘이 지난 6월 7일 참모총장은 국방부 감사관실에 세 장짜리 서면 확인서(진술서)를 보냈다. 이 진술서는 대부분 사건을 보고받은 시점과 당시 상황, 이후 참모총장의 조치와 지침에 관한 내용이었다. 참모총장은 비교적 상세하게 당시 상황을 진술했다. 유의하여 살펴볼 점은 5월 24일의 행적과 관련된 진술이다. 5월 24일 주간 상황 보고 회의를 주재한 참모총장은 집무실에서 공군본부 법무실장과 군사경찰단장에게 별도 지시를 내린다. 지시의 내용은 2차 가해 포함 엄정 수사, 유가족과의 원활한 소통 그리고 구속수사 검토였다. 범죄 피해자가 사망하면 압박감을 느낀 가해자의 도주, 증거인멸, 나아가 자해 등의 우려가 커질 뿐더러 범죄의 중대성도 그만큼 커지기에 구속수사가 통상적이다. 이 때문에 참모총장도 이런 지시를 내렸던 것으로 보인다. 유가족도 구속수사를 요청했다. 유가족과 국선변호인, 피해자 소속 부대였던 제20전투비행단(이하 '20비') 정보통신대대장 간의 통화 내용 녹취록에 따르면, 5월 24일 유가족은 피해자 생전에 가해자가 피해자에게 자살 협박을 한 점을 고려하면 가해자의 신상을 확보하는 일이 무엇보다 시급하다며 국선변호인과 대대장에게 각각 구속수사를 요청했다. 국선변호인과 대대장은 각각 20비 군검사와 20비 법무실장에게 이러한 뜻을 전했고, 구속영장 청구를 검토하겠노라는 답을 받았다.

그런데 이번에도 가해자는 끝내 구속되지 않았다. 5월 25일 대대장은 유가족에게, 구속영장을 청구해봐야 발부가 안 될 가능성이 크기 때문에 추이를 지켜보겠다는 20비 법무실장의 답변을 전했다. 하나같이 알 수 없는 일투성이였다. 그러던 차에 5월 31일 자로 사건이 언론에 폭로되어 여론이 들끓었다. 국방부 검찰단은 사건을 이첩받자마자 가해자를 구속했다. 어제는 구속할 수 없던 피의자를 오늘은 순식간에 구속할 수 있다니 무법천지가 따로 없었다.

○

언론보도 이후 사건 수사가 급물살을 탔다. 강제추행은 물론, 2차 피해와 회유, 협박, 나아가 부실수사 문제까지 광범위하게 수사가 이루어졌다. 입건된 사람만 25명에 달했다. 대통령은 엄정 수사를 지시했고, 국방부장관은 고개 숙여 사과했으며, 거의 매일 국방부 대변인이 기자들에게 수사 상황을 브리핑했다. 창군 이래 최초로 수사심의위원회(이하 '수사심의위')를 꾸리고, 특별군검사도 임명했다. 그러나 껍데기만 요란할 뿐이었다. 국방부 검찰단은 전혀 갈피를 잡지 못했다. 언론이 의혹을 제기하면 다음 날 그곳에 가서 수사를 하는 식이었다.

6월 4일에는 뜬금없이 사건과 별 관련이 없는 공군 제15특수임무비행단 군사경찰대대를 압수수색했다. 피해자가 성추행을 당하고 사망에 이른 '20비'에는 압수수색 영장하나 없이 수사관을 '보내기만' 했다. 이해할 수 없는 수사에 대한 비판 여론이 일자 6월 7일이 되어서야 회유와 협박을 저지른 상급자들을 압수수색했다. 그러자 부실수사 의혹을 받는 군검찰은 왜 수사하지 않느냐는 거센 비난이 일었다. 그때서야 검찰단은 6월 9일 20비 검찰부, 공군본부 검찰부를 압수수색했다.

차일피일 수사를 미뤄 직무를 유기한 혐의로 입건되었던 20비 군검사는 수사심의위에 출석해 피해자가 사망한 뒤에도 가해자에게 구속영장을 청구하지 않은 까닭을 두고 가해자가 자살할까 봐 그랬다고 진술한 것으로 전해진다. 고등검찰부장과 협의한 결과였다고 한다. 실로 황당한 변명이 아닐 수 없다. 자살이 우려되는 상황이면 신병 확보를 위해서라도 구속했어야 한다. 게다가 「공군검찰지침」에는 "모든 성범죄는 구속수사를 원칙으로 한다"라고 나와 있고 예외적으로 죄질이나 합의 여부 등을 감안해 필요성이 현저히 낮다고 판단될 때만 구속하지 않는 것으로 되어 있다. 문제는 국방부 검찰단이 군검사의 황당한 변명을 적극 인용해 수사심의위에 불기소 의견으로 심의를 요청했다는 것이다. 수사심의위는 검찰단의 의견을 좇아 군검사에게 불기소를 권고했다.

엉망진창 수사 속에 창군 이래 처음으로 만들어진 수사심의위는 국방부의 알리바이요, 방패막이로 전락해버렸다. 국방부 검찰단은 수사심의위 회의가 끝날 때마다 보도자료를 내 결과를 알렸다. 수사심의위 위원들이 주요 피의자에게 불기소 권고를 내렸고 검찰단은 숙고하여 이를 존중하겠다는 내용이었다. 국방부 혼자 불기소를 결정하면 국민의 비난에 직면할 테니, 수사심의위를 방패로 세워놓고 책임을 떠넘기는 꼴이었다. 그렇게 검찰단은 수사심의위 뒤에 숨어 이 중사를 죽음으로 몰고 간 부실수사와 관련된 수사 관계자들에 대해 불기소 의견을 받아냈고, 아무도 기소하지 않았다. 강제추행이나 2차 피해를 일으켜 기소된 사람들 역시 부실한 공소 제기로 대부분 1심에서 집행유예를 받거나 무죄판결을 받고 풀려났다.

○

사건은 2021년 5월 31일 저녁 MBC의 단독 보도로 처음 세상에 알려졌다. 성추행, 조직적인 2차 가해, 수사기관의 방치 속에 피해자가 삶을 마감하기에 이른 사건의 전모가 드러나자 국민들은 크게 분노했다. 정상적인 조직이었다면 사건이 발생한 공군은 피해자와 유가족에게 사죄하는 마음으로 진상규명과 책임자 처벌, 재발 방지 대책 마련을 위해 노력했을 것이다. 그러나 공군의 관심은 다른 곳에 가 있었던 것으로 보인다. 사건 공론화 직후인 2021년 6월 초 공군본부에서는 이 중사의 사망 원인을 '조작'하려는 가공

할 시도까지 벌어졌다.

공군에 대한 비난 여론 속에 공군참모총장 해임설이 제기되자 공군본부 공보담당자였던 A중령은 사건을 반전시켜 보기로 결심했던 모양이다. A중령은 기자 3명에게 피해자가 강제추행, 2차 피해가 아닌 부부 간 불화로 사망한 것이란 허위 사실을 전달했다. 뿐만 아니라 A중령은 이 중사의 선배 중 한 사람이 2차 가해를 저지른 상급자들에게 유리한 내용이 녹음된 파일을 갖고 있다는 소식을 전해 듣고 연락해 이를 확보했고, 2명의 기자에게 이를 넘겨주기까지 했다.

사망 원인을 조작하려는 충격적인 시도는 과연 A중령 개인의 일탈 행위였을까? 엄중한 시국에 공군을 대변하는 임무를 수행하는 영관급 장교 한 사람이 참모총장 해임을 막아보겠다며 임의로 사망 원인을 조작하려 했다는 것은 쉽사리 납득되지 않는다. 의혹의 실마리는 2022년 9월, '공군20전투비행단 이예람 중사 사망사건 관련 군내 성폭력 및 2차 피해 등의 진상규명을 위한 특별검사'(이하 '특검')가 발표한 수사 결과의 다른 대목에서 나타난다. 특검은 이 중사의 심리부검 결과를 전하며 피해자의 사망이 강제 추행과 2차 가해로부터 심화된 좌절감과 무력감에 의한 것이라 설명했다. 그러면서 덧붙이기를 "피해자의 자살 원인을 두고 배우자와의 불화 때문일 것이라는 의혹을 제기하는 일부 공군 관계자 등도 있었음"이라고 하였다. A중령 외에도 부부 불화설을 주장하는 공군 관계자들이 있었다는 것이다. 실제 특검 수사를 전후로 공군 관계자들은 이 중사의 사망 원인이 성추행, 2차 피해가 아닐 수도 있다는 의혹 제기를 공공연하게 하기도 했다. 2022년 3월 26일 자 SBS 〈그것이 알고 싶다〉 1299회 '81일간의 '지옥'-공군 이예람 중사 사망사건'에 출연한 공군본부 법무실장은 "사람이 자살하는 과정 이것은 공군에서는 여러 가지 얘기도 많았거든요. 원인이 100퍼센트 성추행으로 일어난 걸로 했는지 그런 부분에 대해 의문을 제기하는 분들도 있더라고요.", "사망원인 조사 이런 부분에 대해서도 명확하게 볼 필요가 있다"라는 발언을 남겨 이 중사의 사망에 다른 원인이 있을 수도 있다는 여지를 남긴 바 있다.

하지만 특검은 피해자의 휴대폰 및 상담일지, 사망 당일 피해자와 남편이 나눈 대화가 녹음된 자동차 블랙박스, 관련자 진술까지 확보해 피해자 부부가 여느 신혼부부 못지않게 친밀한 관계였다는 사실을 수사 결과에 적시했다. 있지도 않은 부부 불화설을 창조해낸 것도 황당한 일이지만, 여러 공군 관계자들이 이런 이야기를 했다는 것은 사인 조작이 A 중령 개인의 일탈행위일 수 없다는 점을 방증한다. 게다가 공보정훈실은 공군본부의 입장을 대변하는 곳이다.

이곳에 속한 공보장교는 소위 말하는 '대변인' 같은 존재다. 대변인은 조직의 입장을 정리해 대변할 뿐 단독으로 판단하거나 입장을 만드는 사람이 아니다. 그러한 공보장교가 피해자 소속 부대와 소통하며 2차 가해자들에게 유리한 내용이 담긴 녹음 파일을 확보하고, 부부 불화설을 만들어 유포했다는 정황은 공군본부의 조직적 사인 조작, 은폐 시도를 충분히 의심할 수 있는 근거가 된다.

다행히 보도에 이르진 않았지만, 기사가 준비되고 있었다는 것은 사건 관계자들의 진술 곳곳에서 확인된다. 그사이 이 중사 죽음의 원인이 성추행, 2차 피해가 아닐 수 있다는 낭설은 오랜 시간 이 중사 유가족의 곁을 괴롭혔다. 참으로 끔찍한 일이다.

○

이예람 중사 사망사건은 군의 성폭력 대응체계가 완전히 무너졌다는 것을 구조적으로 보여준 사건이다. 조작, 은폐, 회유, 협박……. 군이 성폭력 사건을 처리하는 방식이 참담한 민낯을 드러냈다. 비난이 쇄도하는 가운데 국방부는 민·관·군 합동위원회(이하 '합동위')를 출범시켜 대책을 논의했다. 그러나 합동위가 운영된 4개월 남짓한 기간 동안 절반에 가까운 민간 위원이 사퇴했다. 다수의 전문가가 국방부의 개혁 의지를 확인하기 어렵고 자신들은 그저 들러리를 서는 것 같다는 지적과 함께 합동위를 떠났다. 이런 우여곡절 끝에 합동위는 73개의 정책 권고를 내놨다. 그중 하나가 '장관 직속 성폭력 전담기구' 설치였다. 각 군에 흩어져 있는 성폭력 예방 및 피해자 보호 업무를 신속·통합 관리할 수 있는 컨트롤타워가 필요하다는 공감대가 반영된 권고였다.

장관 직속 성폭력 전담기구 설치는 2018년부터 논의된 오랜 과제였다. 사회 전반의 미투 운동 흐름 속에 군에서도 장성급 장군 여럿이 성범죄 가해자로 처벌을 받았다. 국방부 군인복무정책심의위원회와 양성평등위원회의 권고로 시작된 전담조직 설치 논의가 활발히 이루어졌고, 특단의 대책이 필요하다 여긴 장관은 담당자들을 미국 국방부 산하 성폭력예방대응국(SAPRO)에 견학까지 보냈다. 하지만 장관이 바뀌면서 전담조직 설치는 흐지부지 유야무야하게 되고 말았다.

장관 직속 전담기구가 필요한 것은 군의 독특한 구조 때문이다. 표면상 국방부는 육·해·공군을 통솔하는 중앙행정기관이지만, 각 군의 참모총장은 고유의 군정권(軍政權)을 갖고 독자적 행정을 펼친다. 그러므로 국방부와 각 군은 실질적으로는 업무 협조 관계를 맺는 것일 뿐이어서 보통의 정책 부서들처럼 국방부차관의 지휘를 받는 조직으로는 각 군을 제대로 관리할 수가 없다. 심지어 차관은 의전 서열도 각 군의 참모총장 밑이다. 그러나 장관 직속은 다르다. 장관은 대통령의 명을 받아 군정권과 군령권을 모두 쥐고 각 군을 통솔하는 자리이기도 하지만, 군인 출신만 장관으로 앉히는 탓에 참모총장들의 선배요, 상관으로 군림하기도 한다. 문민장관의 필요성과는 별개로, 엉망진창이 되어버린 성폭력 대응체계를 일원화하여 바로잡으려면 장관의 권위를 쓸 수밖에 없다.

조직의 위상을 어떻게 두느냐는 조직의 실효적 운영과 직결되는 문제다. 제도는 의지의 총체다. 성폭력 전담기구 설치가 성폭력을 근절하는 만병통치약이 될 수는 없지만, 국방부가 성폭력 문제의 해결에 얼마만큼의 의지를 지녔는지 확인할 수 있는 바로미터는 된다. 하지만 국방부는 2022년, 차관 직속의 군인권개선추진단을 3년 한시 조직으로 발족하고 그 밑에 성폭력 예방·대응기구를 신설했다. 합동위 권고인 '장관 직속 전담기구'는 고사하고, 차관 밑의 한시적 인권 담당 조직의 한 개 과 수준으로 전락시킨 것이다. 원래 국방부에는 양성평등정책과가 있어 성폭력과 성평등 정책을 맡아보고 있었는데 거기서 성폭력 피해자 지원 업무를 떼어내 별도의 과로 꾸렸을 뿐 크게 달라진 것이 없다. 성폭력예방대응담당관(과장)도 기존의 양성평등정책 과장이 그대로 맡는다.

군인권개선추진단이 향후 상설 병영인권국으로 이어지도록 한다는 계획이지만, 전군의 성폭력 예방과 대응 대책을 전면적으로 뜯어고쳐야 하는 시점에 한시적 조직 아래의 일개 과 수준의 부서가 이러한 업무를 주관할 수 있을지 의심스럽다. 무엇보다 성폭력 피해자들이 과연 국방부 과장급 조직을 믿고 문을 두드릴 수 있겠느냐는 근본적 질문을 던지지 않을 수 없다. 요란스럽게 성폭력 전담기구를 설치했지만, 실상은 속 빈 강정이나 다름없는 것이다. 국방부는 합동위 운영 당시에도 장관 직속기구 설치를 탐탁지 않아했다. 이미 그때부터 차관 아래 병영인권국 산하에 전담기구를 두자는 발상이 흘러나왔다. 권고는 장관 직속 전담기구 설치로 나아갔지만 결과는 국방부 의중대로 된 셈이다. 여론이 잠잠해진 뒤엔 늘 그렇듯 문제해결의 발걸음도 멈춘다.

○

국방부의 최종수사 결과가 발표된 날, 이 중사의 유가족은 수사 결과를 수용할 수 없다며 절규했다. 진실이 밝혀지기 전까진 장례도 무기한 연기하겠다고 했다. 유가족은 특검 도입을 통한 재수사를 호소했다. 군의 수사를 믿을 수 없기 때문이다. 수사 관할 문제가 있어 민간에서 군을 수사할 유일한 방도는 특검 도입뿐이다.

그러나 특검 도입은 만만한 일이 아니었다. 역대로 개별 특검법을 도입해 처리한 사건 중 비정치적 이슈는 한 건도 없었다. 상설 특검까지 포함하면 세월호 사건이 유일하다. 2021년 6월 10일 자로 국민의힘, 정의당, 국민의당, 기본소득당 등 4개 야당 112명의 의원들이 특검법을 발의했으나 당시의 정치 상황이 겹치며 여야 합의는 이뤄지지 않았다. 그러던 차에 20대 대선 과정에서 이 중사 특검 도입이 다시 이슈가 되었고, 2022년 4월 천신만고 끝에 특검법이 제정되었다.

2022년 6월 5일부로 수사를 개시한 특검은 100일의 수사를 마친 9월 12일, 국방부 검찰단이 기소하지 않았던 20비 군검사 등을 포함해 8명을 추가로 기소했다. 하지만 특검에 따르면 관련자들 중 상당수가 오래 지난 일이어서 기억이 없다며 진술을 회피했다고 하며, 휴대폰 교체 또는 안에 있는 정보 삭제로 증거 수집에 애로를 겪는 등 수사에 어려움이 있었다는 아쉬움의 말을 남겼다.

피해자의 호흡을 되짚는 일은 어디서 무엇이 잘못되었고 어떻게 바로잡아야 하는지 확인할 수 있는 가장 뚜렷한 방법이다. 매번 그랬듯 무의미한 대책을 쏟아내는 것으론 절망의 고리를 끊어낼 수 없다. 그럼에도 군은 스스로 이 호흡을 제대로 되짚어본 적이 없다. 피해자의 호흡을 따르지 않으니 대책 마련이나 제도 개선도 하나같이 다 용두사미가 되는 것이다.

'산 사람은 살아야지.'

그렇게 매번의 죽음을 죽음으로 잊고 싶어 하기 때문이다.

이 중사 특검은 수사를 마치며 성폭력 피해자의 두려움과 고통을 외면하고 설 자리마저 주지 않는 군대 내 그릇된 문화와 낡은 관행이 개선되고, 이와 같은 비극이 다시는 되풀이되지 않기를 바란다는 소회를 남겼다. 건국 이래 최초의 권력형 성범죄 특검이자 군을 상대로 하는 첫 번째 특검으로서 한계가 없었던 것은 아니지만, 수사의 전반은 군 스스로 피해자의 호흡을 되짚을 수 없다면 군 바깥에서라도 짚어보아야 한다는 국가적인 의지 표명이었다. 수사는 여기서 끝나지만 비극의 뒤편에 놓인 오랜 숙제를 풀어가는 일은 이제부터 시작일 것이다.

이 중사가 세상을 떠난 지 1년이 넘었지만, 이 중사의 시신은 여전히 국군수도병원 장례식장의 차디찬 영안실에 모셔져 있다. 이 중사 아버지가 집에 가지 않고 딸의 곁을 지킨다. 언젠가 본 듯한, 익숙한 것이 되지 않았으면 좋았을 그런 원통한 하루가 이렇게 또 지나간다.

아침마다 구호를 외치면 성폭력이 사라질까

군대 내 성폭력 사건의 메커니즘

"아침마다 부대원들이 모여서 '성폭력을 근절하자!'와 같은 구호를 외치는 것도 성폭력 근절 의지를 내면화하는 데 도움이 되지 않을까 생각합니다."

2021년, 이예람 중사가 유명을 달리한 후 국방부가 관계 공무원과 민간 전문가 들을 모아 열었던 대책회의에서 나온 말이다. 이 말을 듣고 나는 귀를 의심했다. 국방부 성평등 정책 부서에서 나온 실무자가 한 말이었기 때문이다. 회의장 곳곳에서 깊은 탄식이 흘러나왔다. 그 회의는 성폭력 피해를 겪은 여군이 2차 피해로 신음하다 사망해 온 나라가 발칵 뒤집혀 꾸려진 '국방부 민·관·군 합동위원회'의 회의였다.

합동위 출범이 무색하게도 연이어 해군에서 성폭력 피해자가 사망하는 일이 재차 발생해 한층 엄중한 분위기이기도 했다. 그 와중에 국방부 실무자가 공식석상에서 진지하게 구호 외치기 캠페인을 제안하는 모습은 군대에서 성희롱·성폭력이 끊이지 않는 이유를 알 법한, 참담한 장면이었다.

그 실무자는 아마 성폭력 사건이 반복되는 이유를 '군인들이 정신 무장이 덜 되어서'라고 생각했던 모양이다. 실제로 많은 사람이 그렇게 생각한다. 군대에서 성폭력 사건이 벌어졌다는 뉴스 댓글에선 "군기가 해이해서 그렇나"라는 말을 심심치 않게 찾아볼 수 있다. 그뿐인가. 몇 년 전만 해도 군에서 성폭력 사건을 지칭하는 공식 용어는 '성군기사고'였다. 군기가 빠져 벌어진 성 관련 '사고'란 것이다. 그래서 군에서 성폭력 사건이 발생할 때마다 지휘관들이 보내는 지휘 서신엔 으레 군기 확립을 주문하는 메시지가 담기곤 한다. 그러면 일선 부대에서는 간부들의 출타 후 동선을 일일이 체크하거나 회식 자리에서 동료들을 감시하는 '회식 지킴이'를 두는가 하면 성폭력과 별 상관도 없어 보이는 두발 단속 등을 벌이기도 한다. 한 사람 한 사람 군기가 바짝 들어 정신을 똑바로 차리고 살면 성폭력도 사라질 것이란 사고 회로의 결과물일 것이다.

그렇지만 이런 노력은 번번이 민망한 결과로 이어지고

만다. 경각심 같은 것으로론 성폭력을 근절할 수 없다. 군 지휘부도 안다. 숱한 사건을 겪었기 때문에 군기 잡기론 아무것도 해결할 수 없다는 걸 말이다. 다만 개인의 정신상태로 책임을 돌리는 것이 손쉬운 방법이라 그런 대책을 세울 뿐이다. 군기 확립 운운하며 부대 운영을 바짝 조이면 한동안은 식별되는 성폭력 사건이 줄어드는 착시효과도 한몫할 것이다. 이렇게 매번의 아픈 교훈을 허투루 쓰고 나면 또 다른 피해자의 이름이 그 뒤를 따르게 된다. 성폭력 근절이 개인의 의지나 다짐으로 해결될 일이라면 이미 군대에선 성폭력이 없어졌어야 한다. '썩어빠진 정신상태를 고치면 모든 문제가 해결된다'라는 식의 낡은 접근법을 버리지 않는 이상 조직 내부에서 곪아가던 문제들은 계속해서 터져 나올 수밖에 없다. 정신 무장이 덜 되어, 기강이 무너져 비극이 되풀이되는 것이 아니다. 같은 조직에서 같은 일이 반복되는 데는 다 그만한 이유가 있다. 조직이 문제의 본질을 살피는 일에 게으르기 때문이다. 군대에서 발생하는 성폭력 사건의 특징들을 살피는 것이 먼저다.

○

성폭력 피해 군인을 만나보면 피해 시기와 신고 시점이

일치하지 않는 경우가 많다. 한 달 두 달은 물론이고 몇 년씩 간격을 두는 경우도 예사다. 그만큼 피해자가 신고를 망설이게 만드는 요인이 많다는 것이다. 2010년 해군에선 성소수자 여군 중위가 남군 상관으로부터 "남자를 안 만나봐서 그렇다(남자를 안 만나봐서 성소수자가 되었다)"라는 말과 함께 강간을 당했다. 피해자가 이를 상부에 보고했으나 보호는커녕 보고받은 상급 지휘관에게 2차 강간을 당하는 충격적 사건이 발생했다. 그런데 피해자가 신고를 결심하고 사건을 세상에 알린 것은 2017년의 일이다. 피해자는 7년 동안 외상후스트레스장애를 견디며 복무를 이어갔고, 그사이 대위로 진급했다.

지휘관에게 피해 사실을 신고하고 도움을 요청했는데 거꾸로 추가 성폭행을 당한 경험은 '군에서는 성폭력 피해를 신고해봐야 소용없다'라는 명제를 아주 극단적으로 입증한 사례다. 강간 피해자를 재차 강간하는 끔찍한 일이 아니더라도 군에서 성폭력을 겪은 피해자들은 여러 이유로 신고를 단념한다. 특히 간부들은 군인이 직업이기 때문에 장래의 커리어에 대해 우려하지 않을 수 없다. 사건을 공론화했다가 장기복무 선발, 진급 등에서 불이익을 겪는 모습을 주위에서 숱하게 봐온 탓이다. 그래서 간부들 사이에서는 '성폭력 피해자에게 있는 두 가지 선택지는 침묵과 전역'이라는 씁쓸한 말도 돈다. 피해 사실을 신고하고 공론화하려면 군복 벗을 각오를 해야 한다는 의미다.

신고를 해봐야 문제가 해결되기는커녕 불이익만 겪게 될 거란 인식은 피해자를 좌절하고 침묵하게 만든다. 그러나 입을 닫는다고 피해의 경험과 기억이 지워지는 것은 아니다. 시간이 가면 피해자의 내면은 곪을 수밖에 없고 곪은 상처는 언제건 터진다. 앞서 살핀 해군 성폭력 사건 피해자는 7년의 시간을 속으로 삭이며 진급을 한 뒤 신고를 결심한 경우다. 이 외에도 군인권센터 부설 군성폭력상담소로 접수되는 성폭력 상담 중 신고 시점과 피해 시기가 불일치하는 경우, 대체로 부사관은 중사이고 장교는 대위다. 그런데 이들의 피해 발생 시점은 대개 하사 때이거나 소·중위 시절이다. 군생활 경력이 짧고 앞날이 불투명한 터라 신고나 공론화를 하기 어려운 초급간부 시기다.

그뿐인가. 피해가 한 번에 그치지 않는 경우도 있다. 신고 후 닥쳐올 상황이 두려워 입을 다물었을 뿐인데 이를 암묵적 동의로 받아들이고 유사연애쯤으로 착각하며 계속 성희롱·성폭력을 저지르는 가해자가 있는가 하면, 가해자가 소문을 내 '쉬운 사람'이라는 모욕적 낙인이 찍혀 2·3차 성폭력 피해를 겪는 참담한 경우도 있다. 무슨 이유로든 피해자가 피해를 호소할 수 없다는 건 위험 징조다. 속으로 앓고 또 앓다 곪은 상처가 터지는 방향이 신고나 공론화 등 바깥으로 향하는 사람이 있는가 하면, 극도의 스트레스 속에서 스스로를 향하는 사람도 있기 때문이다.

그런데 마음 놓고 신고할 수 없는 환경에 대한 지적은 새롭고 대단한 것이 아니다. 군에서 성폭력 사건이 터질 때마다 꼽히는 문제점 중 하나다. 문제가 불거질 때마다 군은 신고 채널 다변화, 비밀보장 대책 강화, 상담관 증원, 집중 신고 기간 운영 등의 대책을 내놓는다. 그리고 이런 대책들은 안타깝게도 별 효과를 거두지 못한다. 변죽만 두드리기 때문이다. 피해자들이 입을 닫는 건 상담하거나 신고할 곳이 없기 때문이 아니다. 상담이나 신고가 문제를 더 꼬이게 할 수 있다는 경험적 인식이 피해자를 침묵의 길로 이끈다. 신고자를 조직의 배신자로 여기고, 가해자 전출이 부서에 미칠 영향을 고려해 합의나 용서를 종용하고, 급기야는 대놓고 가해자를 감싸며 피해자를 괴롭힌다는 소식이 심심치 않게 들려오는 조직에서 신고 채널이 100개가 된다 한들 누가 그곳을 찾겠는가. 설사 공론화가 된다손 치더라도 군 수사·사법기관에서 가해자 봐주기가 횡행하고, 2차 가해에 연루된 이들이 관련법이 없다는 이유로 아무도 처벌받지 않는 현실에서 집중 신고 기간을 운영한다고 해봐야 그 효능을 기대할 이 역시 없을 것이다. 연이은 사건 속에서 군이 피해자들에게 신뢰를 주지 못하는 한 가혹한 침묵은 끝나지 않는다.

○

계급 질서가 강고하게 자리한 군에서도 성별 권력은 유효하게 작용한다는 점도 놓치지 말아야 한다. 일반적으로 군에서 성폭력 사건이 발생했다는 소식을 접하면 자연스레 상급자가 하급자에게 성폭력을 가했을 것으로 생각하기 쉽다. 실제로도 대부분 그렇긴 하다. 하지만 반대의 경우도 있다. 군인권센터와 부설 군성폭력상담소가 2021년 상담한 8건의 하극상 사건 중 5건은 하급자 남군이 상급자 여군을 성폭행한 사건이었다. 근무 경험이 많은 남군 부사관이 초임 여군 장교를 상대로 업무를 도와주고 가르쳐주겠다며 접근해 성폭력을 저지르는 경우가 대다수다.

남성 위주로 돌아가는 군 조직에서 인원수가 적은 여군들, 특히 초임 여군들은 굴러든 돌멩이 취급을 받기 십상이다. 반면 상급자이거나, 근무 경험이 더 많은 하급자인 가해자들은 부서에서 각기 맡고 있는 업무와 책임이 피해자 여군에 비해 상대적으로 더 중요하다고 여겨진다. 가해자들도 이런 점을 잘 알고 있기에 성폭력을 저지르면서도 두려움을 갖지 않는다. 문제가 생겨도 동료 남군들이 자기편을 들어줄 것이라는 점, 부대가 더 필요로 하는 사람은 피해자가 아니라 자신이라는 점을 잘 알고 있기 때문이다.

그렇기에 계급 질서라는 단선적 이해만으로 군대 내 성폭력 이슈를 바라보면 문제의 해법을 찾기가 어렵다. 조직에서 누가 무슨 일을 하고, 어떤 위치를 인정받고 있는지 살펴야 성폭력 사건 발생을 가능하게 하는 권력관계의 모습을 오롯이 그려낼 수 있다. 그렇게 각각의 권력관계를 사건 유형별로 세심하게 분석해 문제 상황을 진단하고 대책을 마련해야 한다.

세심한 권력관계 분석의 필요성은 주로 병사 사이에서 발생하는 남군 간 성폭력 사건에서도 확인할 수 있다. 흔히 하는 오해로 남군 간 성폭력 사건이 성적 욕구가 왕성한 청년 남성들을 한데 합숙시켰기에 발생하는 동성 간 성접촉이라는 것이 있지만, 이는 사실과 다르다. 남군 간 성폭력 사건은 대부분 구타·가혹행위 등 괴롭힘을 동반하는 '성고문'의 형태를 띤 경우가 많다. 처음에는 욕하고 괴롭히고 때리다가 정도가 심해지면 성적 괴롭힘으로 이어져 피해자에게 극한의 수치심을 주고 모멸감을 느끼게 하는 식이다. 사람들 앞에서 자위행위 강요하기, 강제로 음모 깎기, 성기 때리기, 빨래집게로 가슴 부위 꼬집기, 여러 사람이 보는 앞에서 유사 성행위 강요하기 등 방식도 갖가지다. 실제로 가해자들 역시 수사와 재판 단계에서 일관되게 '성적 만족감을 얻을 의도가 없었음'을 강조하는 경우가 많은데(이러한 진술이 성폭력 여부를 판단하는 데 참고사항이 될 수 없음은 차치하더라도), 남군 간 성폭력 사건이 대개 어떤 메커니즘으로 발생하는지 여실히 보여주는 대목이 아닐 수 없다.

욕해도 저항하지 않고, 괴롭혀도 저항하지 않으며, 때려도 저항하지 않는 이에게 드는 감정은 '얘는 아무렇게나 대해도 된다'일 것이다. 군대는 피해자가 도망가고 싶다고 해도 도망갈 수 없는 폐쇄적 공간이다. 게다가 많이 나아졌다고는 하나 일정 정도의 폭력이 용인되는 사회이기도 하다. 이러한 환경에서 아무리 저항해봐야 별 소용이 없다는 피해자의 무력감과 가해자의 자신감이 마주할 때 뒤틀린 권력관계가 형성된다. 그런 가운데 피해자에게 모멸감과 수치심을 안겨주는 성적 괴롭힘과 성폭력도 발생하게 되는 것이다.

성폭력을 저질러선 안 된다는 걸 모르는 군인은 없다. 후임을 때리고 괴롭히면 안 되고, 상급자를 가스라이팅해서 성폭력에 이르러선 안 된다는 것도 다 안다. 성폭력을 저지르면 처벌받는다는 것도 모를 리 없다. 그럼에도 군에서 계속 성폭력 사건이 발생하는 건 가해자들이 이 모든 걸 무릅쓰고 성폭력 가해를 해도 피해자가 어찌할 도리가 없다는 걸 너무 잘 알고 있기 때문이다. 피해자가 거부하지 못할 것이고, 당연히 신고도 못할 것이며, 그러므로 처벌도 없을 것이란 감각이 조직에서 통용되기 때문이다. 이 감각이 바로 권력이다. 군기 잡기 같은 것으론 절대 지워낼 수 없는 끔찍한 감각, 이 감각을 뜯어봐야 대책이 생긴다.

○

군에는 '만물 기강론'이란 것이 있다. 무슨 문제가 터지든 기강 탓으로 돌리면 해결된다는 것이다. 구타·가혹행위 사건이 벌어져도, 성폭력 사건이 벌어져도, 갑질 사건이 벌어져도 때마다 철마다 하나같이 다 기강 탓을 한다. '만물 기강론'을 한 꺼풀 뜯어보면 조직에는 문제가 없고 결국 문제는 개인에게 있다고 여기는 군의 인식 지형이 나타난다. 문제를 일으키는 건 조직이 아니라 정신상태가 해이한 개인과 소규모 집단이란 것이다.

그러나 반복되는 문제에는 분명한 구조적 원인이 있다. 성폭력도 마찬가지다. '그래도 된다'라는 인식의 권력. 이 감각을 면밀히 해체하고 분석하지 않는 한 성폭력 문제 근절을 위한 대책은 백날 세워봐야 '구호 외치기' 그 이상도, 그 이하도 될 수 없다.

세 사람 홍 정 기 (1994~2016)

‘내 아들의 나라는 어디인가?’

홍정기 일병 사망사건과 순직 제도

2016년, 한 청년이 군에서 뇌출혈로 사망했다. 죽고 나서 알게 된 병명은 골수성 백혈병이었다. 그는 자기가 백혈병에 걸린 줄도 모르고 세상을 떠났다. 치료 한번 못 받아보고 그렇게 떠났다.

이 청년은 사망하기 보름 전부터 몸에 알 수 없는 멍이 보였고, 이유 없이 구토를 했으며, 밥을 못 먹을 만큼 심한 두통에 시달렸다. 건강하던 친구가 갑자기 그러니 선·후임 동기가 다 이상하게 생각했다. 그런데 군의관은 그저 감기약만 줬다. 물론 사단 의무대에는 변변한 혈액검사 장비가 없어 환자가 백혈병에 걸렸는지 확인할 도리가 없었을 것이다. 하지만 환자가 자꾸 찾아오고 증세가 점점 더 악화되고 있으니 상급병원에 보내 검사를 받게 할 순 있다. 그런데 군의관은 그 일을 하지 않았다.

그러는 사이 사단에선 훈련이 시작되었다. 모두 바빴고, 환자도 아픈 몸을 이끌고 부대에 남아 단독군장을 차고 임무를 수행했다. 사망의 직접 사인이 아급성(만성과 급성의 사이) 뇌출혈이었던 것으로 볼 때, 아마 이 무렵 뇌출혈이 시작되었을 것이다. 그렇게 환자는 훈련기간 닷새 동안 병원도 못 가고 앓았다. 바깥 병원은 고사하고 의무대에도 가질 못했다.

훈련이 다 끝난 뒤에야 간부 하나가 창백한 얼굴의 청년을 민간 병원에 데려갔다. 의사는 혈액암이 의심되니 당장 큰 병원을 찾아가라고 권했다. 그러나 간부가 데려간 곳은 병원이 아닌 부대였다. 보고를 받은 대대장은 그를 생활관으로 돌려보냈다. 민간 병원에 가기 전에 '큰 병원'인 국군춘천병원에 외진 날짜를 잡아뒀기 때문이다. 군에서는 부대마다 군병원에 외진 가는 날이 정해져 있다. 환자들은 그날을 기다렸다가 다 같이 모여 외진 버스를 타고 이동한다. 외진 날은 이틀 뒤 낮이었다. 의사의 시계에서 '당장'은 오늘이었겠지만 군인들의 시계에선 이틀 뒤였다.

그리고 다음 날, 증세가 급격히 나빠진 청년이 다시 사단 의무대를 찾았다. 군의관은 혈액 계통에 문제가 있다는 점을 짐작했지만 바이탈이 정상이란 이유로 응급 후송을 하지 않았다. 비슷한 증세로 의무대를 찾은 것이 한두 번이 아니요, 민간 병원 의사가 즉시 큰 병원에 가보라 했지만 아무도 그의 상태를 심각하게 여기지 않았다. 그 시각 사단 의무대에는 남은 병상도 없었다. 그는 결국 연대 의무실로 되돌려 보내졌다. 그곳에서 밤새도록 토했다. 아침엔 그 몸을 끌고 구급차도 아닌 단체 외진 버스를 타고 직접 군병원에 가서 CT를 찍고 혈액검사를 했다. 뇌출혈이 확인되어 곧장 대학병원에 실려 갔을 땐 이미 의식을 잃은 뒤였다.

이 청년의 이름은 홍정기다. 2018년, 한 TV 시사교양 프로그램이 이 허망한 죽음을 세상에 알렸다.

○

군인의 죽음은 세 가지로 나뉜다. 전투 중 사망한 군인은 전사, 공무 중 사망한 군인은 순직, 그 밖의 죽음은 일반사망이다. 이 중에 순직 군인은 다시 3등급(순직Ⅰ, Ⅱ, Ⅲ형)으로 나뉜다. Ⅰ형은 "타의 귀감이 되는 고도의 위험을 무릅쓴 직무수행 중 사망한 사람", Ⅱ형은 "국가의 수호, 안전보장 또는 국민의 생명, 재산 보호와 직접적인 관련이 있는 직무수행이나 교육훈련 중 사망한 사람", Ⅲ형은 "국가의 수호, 안전보장 또는 국민의 생명, 재산 보호와 직접적인 관련이 없는 직무수행이나 교육훈련 중 사망한 사람"이다. 「군인사법 시행령」은 각 등급별 구분 기준을 세세하게 규정하고 있다.

똑같이 국방의 의무를 수행하다 목숨을 잃었는데 누구의 죽음은 귀감이 되는 죽음이고, 누구의 죽음은 국민을 위한 죽음인데, 누구의 죽음은 이도 저도 아닌 것이 된다. 하지만 보상과 예우에는 등급에 따른 차이가 없다. 순직자는 누구나 국립묘지에 안장되고, 보상도 받는다. 굳이 등급과 유형을 나누는 실익이 없다(다만 국방부에서 매겨진 죽음의 무게가 국가보훈처로 그대로 넘어가 적용된다. 대개 Ⅰ, Ⅱ형은 순직군경으로, Ⅲ형은 재해사망군경으로 분류되거나 아예 보훈 비해당자가 된다. 순직군경은 국가유공자, 재해사망군경은 보훈보상대상자로 지정되는데 보상 내용에 차이가 있다). 일반공무원, 경찰관, 소방관, 교사 등도 순직자 유형 구분을 하지 않는다. 유독 군에서만 이런 구분을 하기 때문에, 뚜렷한 이유도 없이 나라를 위한 희생에 불필요한 등급을 매긴다며 분노를 표하는 순직자 유가족이 많다. 직무를 수행하다 사망한 사람에게 굳이 '국가안보, 국민보호와의 직접적 관련 유무'를 꼬리표로 붙여둘 까닭이 없다는 것이 유가족들의 주장이다.

예전에는 군도 순직 유형을 분류하지 않았다. 군인이 죽으면 전사자, 순직자, 일반사망자로 분류할 뿐이었다. 순직을 3개 유형으로 분류한 건 2015년 「군인사법」이 개정되면서다. 처음 발의된 개정 법률안의 취지는 '군인이 복무 중 사망하였을 때 원칙적으로 순직자로 처리하자'였다. 구체적으로 들여다보면 사인을 알 수 없는 군인의 죽음은 일단 나라를 위해 헌신하다 사망한 것으로 예우하고, 그렇게 하지 않으려면 군복무와 관련이 없다는 이유로 사망하였다는 점을 국가가 입증해야 한다는 내용이었다. 이전까지는 사망자가 순직자로 인정되지 않았을 때 사망과 직무의 연관성을 입증하는 책임이 유족에게 있었다.

그런데 국방부와 군 장성 출신 의원들이 이 안에 거세게 반대했다. 논쟁은 '자살자를 순직자로 인정하느냐 마느냐'에서 시작되었다. 이들은 애인과 헤어져 자살한 사람, 범죄를 저지르고 자살한 사람을 어떻게 순직자로 인정하느냐며 반대했다. 이처럼 직무와 전혀 관계가 없는 이유로 사망한 사람까지 순직자로 분류하는 건 물론 곤란하다. 문제는 당시 그 누구도 이런 사람들을 순직자로 분류하자고 하지 않았다는 것이다. 법안 개정의 취지는 사망의 직무 연관성 입증 책임을 국가에 두자는 것이었는데 엉뚱한 소리를 하며 반대한 셈이다. 게다가 국방부는 이미 2012년부터 구타나 가혹행위 등 공무상의 이유로 자살한 군인들을 순직자로 분류하고 있었다. 자살한 사람이 순직자가 될 수 있느냐 없느냐는 애초 논쟁거리가 전혀 아니었다.

그렇다면 왜 의원들은 자살과 순직을 놓고 갑론을박을 벌였을까? 당시 국회 회의록에 등장하는 표현들을 살피면 그 까닭을 알 수 있다. 국방부 관계자는 "전쟁을 준비하는 조직에서 자살을 한다면 그 부대의 전투력을 현격히 손상을 시키고 전쟁을 할 수 없습니다. 한 부대에, 중대 하나 자살하면 중대가 그냥 해체, 몇 명이 자살하면 해체되는 그런 분위기가 있기 때문에……."라며 자살에 대한 군의 관점을 그대로 보여줬다. 자살은 군에 손실을 끼치는 일인데 어떻게 국가가 예우와 보상을 하느냐는 것이다. 그러나 하나뿐인 목숨을 이유 없이 끊는 사람은 드물다. 전우가 왜 죽었는지 궁금해하기보다 조직에 무슨 손실을 끼쳤는지부터 근심하는 마음이 그저 무서울 뿐이다.

여기에 더해 반대 측 의원들은 "순직이라는 말 자체가 굉장히 소중한 용어입니다. 그런데 이 소중한 용어를 다 적용해서 쓴다는 게 안 맞는다는 거지"라든지, "억울한 것은 어느 정도 들어줘서 보상을 해준다든지 하는 정도는 들어주되 국립묘지 가는 것까지는 안 된다"라든지, "순직이라는 말은 참 고귀하게 쓰여야 되거든요"라며 정 자살자를 순직으로 인정해주려면 사망을 유형별로 분류해 등급을 나눠달라고 주문했다. 그렇게 등급을 나눠놓고 국립묘지 안장, 보상 등의 예우를 달리하자는 것이었다. 심지어 문제가 있는 병사들을 관리하고자 지휘관들이 많은 노력을 했는데 자살하고 난 뒤 국가가 돈까지 주는 게 말이 안 된다며 핏대를 올리는 의원도 있었다.

이처럼 기막힌 논쟁이 이어지는 가운데 순직 인정의 패러다임을 바꾸려던 법안은 어느새 순직의 등급을 나누는 법으로 둔갑해버렸다. 다행히 예우와 보상의 원칙적 부분에는 차이를 두지 않았지만 국가가 순직자의 죽음에 등급을 매기는 잔인한 법이 만들어져버린 것이다. 이렇게 생긴 순직 유형 제도의 본질은 어떤 의원의 발언으로 정리할 수 있다.

"진짜 순직한 사람들은 뭐냐? 정말 공무를 수행하다가 순직한 사람들하고 그렇지 않은 사람하고 동급으로 쳐준다는 자체가 잘못됐다는 거지요."

그러니까 진짜 순직과 가짜 순직을 나누는 제도란 것이다. 징병제 국가에서 의무로 군에 불려가 24시간 부대 내에서 생활하며 생긴 스트레스나 피해로 사망한 군인을 국가가 차별 없이 예우하자는 상식은 이렇게 깨졌다.

○

그리고 국방부는 이 법을 엉뚱한 방식으로 악용한다. 2016년, 국방부는 홍정기 일병을 순직 Ⅲ형으로 분류했다. "국가의 수호, 안전보장 또는 국민의 생명, 재산 보호와 직접적인 관련이 없는 직무수행이나 교육훈련 중 사망한 사람"이라 본 것이다. 국방부는 홍 일병이 복무 중 백혈병에 걸려 급격히 악화된 것은 인정하지만, 백혈병에 걸릴 만한 근무환경이 아니었으니 발병은 군의 책임이 아니라고 주장한다. 그러므로 공무상 사망은 인정하지만 사인이 직무수행이나 교육훈련과는 무관한 순직 Ⅲ형이란 것이다. 얼핏 들으면 그럴싸한 이야기다.

그러나 국방부의 주장은 홍 일병이 복무 중 백혈병으로 진단받고 치료를 받다 사망했을 때나 성립하는 이야기다. 홍 일병의 선행 사인은 백혈병이지만 그는 백혈병 진단을 받기도 전에 아급성 뇌출혈로 세상을 떠났다. 젊은 남성이 이처럼 백혈병에 걸려 한두 달 만에 사망할 확률은 낮다. 백혈병은 발병 후 증세가 뚜렷하기 때문에 조기에 진단하여 적절히 치료하면 20대의 경우 5년 이상 생존할 확률이 60%를 넘는다. 하지만 군이 만들고 싶은 그림은 이런 것이었다.

'안타깝게 복무 중 백혈병에 걸려 사망한 홍 일병을 순

직자로 인정하였다.'

명백한 책임회피다. 군은 부실한 군 의료체계와 부대의 안이한 대처를 인정하기 싫은 것이다. 그러면 책임져야 할 사람이 너무 많기 때문이다. 그렇게 군은 자신들의 책임을 소거했고 그러고 나서 남은 것은 망자는 들어본 적도 없는 '백혈병 진단'뿐이다. 실제 홍 일병을 빨리 후송하지 않고 방치한 사단 의무대 군의관들은 각각 감봉 1개월과 3개월의 징계를 받았고, 부대 관계자들은 유야무야 아무 벌도 받지 않았다. 홍 일병의 죽음을 국민의 생명, 재산 보호와 관련된 직무수행 중 사망한 것으로 보아 순직 Ⅱ형으로 분류하면 결코 나올 수 없는 처리 결과다.

국가가 군인을 징집해 복무시키는 건 기본적으로 그 군인으로 하여금 국민의 생명과 재산을 보호하게 하기 위해서다. 그렇기에 징집이라는 특수한 상황이 원인이 되어 사망한 것이면 다 국민의 생명과 재산을 보호하다 죽은 것이 된다. 만약 홍 일병이 징병제 국가의 군인이 아니었다면 '뭐라도' 해볼 수 있었을 것이다. 적어도 자기가 무슨 병에 걸렸는지는 알 수 있었을 것이다.

'의지에 따라 자유롭게 병원에 갈 수 있는 처지였어도 온몸에 알 수 없는 멍이 들고 고열과 구토가 빈번한 상황에서 병원을 찾지 않았을까?'

'훈련기간이 아니었다면 조금 더 일찍 외부 병원에 나가자고 얘기라도 해볼 수 있지 않았을까?'

'군의관이 조금만 더 경험과 관심을 가진 사람이었다면 큰 병원으로 빨리 후송할 수 있지 않았을까?'

'사단 의무대에 혈액검사를 할 수 있는 장비가 있었다면 어땠을까?'

어찌 되어도 망자는 이승으로 돌아오지 않으니 던져봐야 덧없는 질문들이지만, 국가는 이 질문에 답할 의무가 있다. 그리고 그 답지에는 책임이 쓰여야 한다. 그러나 군은 무책임했다. 부대 운영과 의료 시스템에 문제가 있어 징집해 간 병사를 건강히 되돌려 보내지 못했다는 비판을 듣기 싫으니 원인 모를 백혈병을 왜 국가가 책임져야 하느냐는 답이 나오는 것이고, '고귀'한 '진짜 순직'으로 인정해주기 어렵다는 고집을 피우는 것이다. 순직 유형 제도는 이렇게 국가에 쥐어준 면죄부가 되고 말았다.

결국 고 홍정기 일병의 유가족은 '대통령 소속 군사망사고진상규명위원회'(이하 '위원회')에 순직 유형이 잘못 분류되었다는 진정을 제기했다. 위원회는 2021년, 조사 결과 홍 일병의 죽음은 순직 Ⅱ형으로 분류하는 것이 합당하다는 권고를 국방부에 전했다. 하지만 국방부는 받아들이지 않았다. '죽을 애가 죽었을 뿐인데 왜 나한테 그러시오'란 말을 장황하게 풀어 써서 유가족 앞으로 보냈을 뿐이다. 그래서 유가족은 아직도 싸운다. 지루한 소송전이 끝나지 않고 있다.

○

국립서울현충원에 가면 충혼당이라는 납골당이 있다. 분묘 안장 능력이 한계에 이르러 만든 납골당이다. 지은 지 15년쯤 되었다. 한 해에 한두 번은 그곳을 찾는다. 그곳에선 빡빡머리를 한 20대 초반의 앳된 얼굴을 담아둔 유골함을 만날 수 있다. 해가 갈수록 아는 얼굴도 늘어난다. 생전 만나 본 적 없는 얼굴을 그들의 부모가 들고 온 영정으로 익혔다.

먼저 간 자식은 가슴에 묻는다는 말이 있다. 그러나 오늘도 국군수도병원 영안실에는 자식을 땅에도, 가슴에도 묻지 못한 채 마음 놓고 곡 한번 하지 못하는 부모들이 있다. 죽음의 원인이 밝혀지지 않아서, 밝혀진 원인이 납득되지 않아서, 사람이 죽었는데 책임지는 자가 한 명도 없어서, 원인 제공자가 아무런 벌을 받지 않아서. 각각의 사연도 다양하다. 충혼당에 있는, 내가 아는 얼굴들도 대부분 그런 시간을 보내다 현충원에 들었다.

곳곳에서 자식 잃은 부모가 영정을 품에 안고 거리로,

국방부로, 보훈처로, 법원으로 뛰어다니며 자식의 죽음에 알맞은 등급을 매겨달라고 싸운다. 이 얼마나 아비지옥 같은 풍경인가. '진짜 순직'을 인정받으려면 얼마나 희생했는지 능력껏 입증해보라는 오만한 시스템으로 굴러가는 사회에 헌신이란 덕목은 없다. 국가가 예우와 보상을 바라는 이들을 나랏돈 타 먹으려는 거지쯤으로 바라보는 못된 습성을 고치지 않는 한 참담한 풍경은 바뀌지 않는다.

건강하게 입대한 사람을 그대로 집으로 돌려보내지 못했으면 그 빈자리는 오롯이 국가가 책임져야 한다. 국민은 그러라고 세금을 낸다. 해마다 6월이면 호국보훈의 달이라고 번지르르한 말잔치를 벌인다. 정치인들은 뭐에 당선될 때마다 현충원에 가서 고개를 숙이고 잊지 않겠노라 방명록에 멋진 다짐을 적는다. 그런다고 호국영령과 순국선열이 나라를 보우해주시는 게 아니다. 오늘도 영령과 선열은 대한민국과 소송 중이다. 나라를 지키다 떠난 이들이 나라와 싸우고 있다. 유족들은 통곡으로 묻는다.

'내 아들의 나라는 대체 어디인가?'

대한민국에서 병사로 산다는 것

'병사 월급 200만 원', 그 씁쓰름한 맛

2020년 8월, 잘못을 저지른 병사에게 줄 수 있는 징계의 종류에 '감봉'이 추가되었다. 최장 3개월까지 월급의 20%를 삭감할 수 있다. 고작 60만 원 남짓 주면서 웬 생색인가 하는 생각을 하다가도 건국으로부터 70년이 지나서야 월급 삭감이 '벌칙'으로 인식될 수준이 되었다는 사실에 씁쓸함을 느꼈다. 그만큼 병사들에게선 빼앗을 게 없었다. 앗아갈 수 있는 것이라곤 몸과 시간이 전부였다. 그러니 인간이 누릴 수 있는 가장 원초적인 자유, 신체의 자유를 내어줄밖에. 그렇게 행정상 불이익에 불과한 징계를 받으면서 범죄자처럼 쇠창살에 갇혀 몸과 시간으로 반성을 때워야 했던 병사들이 자기 월급으로 잘못된 행동에 책임을 질 수 있게 된 것이다. 그야말로 대단한 변화가 아닐 수 없다.

○

화폐개혁으로 돈의 단위가 '환'에서 '원'으로 바뀐 1962년, 병장의 월급은 200원이었다. 그로부터 60년이 지난 2022년 기준 병장의 월급은 67만 6,100원이다. 단순하게 비교하면 3,380배가 오른 셈이다. 물론 월급 액수를 단순하게 비교한 수치로는 병사의 월급 수준이 얼마나 나아졌는지 정확히 파악할 수가 없다. 그래서 간부의 최고 계급인 4성 장군 대장과 병사의 최고 계급인 병장의 월급을 비교해 보았다. 군에서 병사의 군복무에 매기는 가치가 얼마나 되는지 가늠해보기 위해서다.

이승만 대통령이 「병진급령」을 개정해 병장 계급이 생긴 것은 1957년, 이때 병장의 월급은 720환이었고 대장의 월급은 9만 환이었다. 대장이 병장에 비해 125배 많은 월급을 받았던 것이다. 이러한 차이는 4·19혁명 이후 장면 정부가 집권한 시기까지 똑같이 이어진다.

그러다 5·16쿠데타가 발발하고 1963년 박정희 정권이 집권하게 된다. '아무래도 군사 정권이 들어섰으니 군인의 처우가 좋아지지 않았을까?' 같은 추론도 가능하겠으나 현실은 달랐다. 이때 병장의 월급은 200원, 대장의 월급은 4만 720원이었다. 차이가 203배로 현격히 벌어진 것이다. 유신시대에도 사정은 크게 다르지 않았다. 유신이 시작된 1972년을 기준으로 10여 년 사이 대장의 월급은 17만 5,000원으로 오른 반면, 병장의 월급은 1,200원에 머물렀다. 이때의 차이는 145배다. 박정희 정권 마지막 해인 1979년까지 격차는 167배로 늘어난다.

이후로도 김대중 정권이 끝날 때까지 대장과 병장 간 월급 격차는 100배가 넘었다. 전두환 정권 마지막 해인 1988년 기준 대장 월급은 93만 원, 병장 월급은 7,500원으로 124배 차이를 보였고, 노태우 정권 마지막 해인 1993년에는 124배, 김영삼 정권 마지막 해인 1998년에는 169배, 김대중 정권 마지막 해인 2003년에는 171배의 차이를 보였다. 이 당시 대장의 월급은 395만 원, 병장의 월급은 2만 3,100원이었다.

격차는 노무현 정권이 출범한 뒤로 확연하게 줄어들었다. 노무현 정권 마지막 해인 2008년 기준 대장의 월급은 594만 6,800원, 병장의 월급은 9만 7,500원으로 61배의 차이를 보인다. 노무현 대통령 집권 5년간 병사 월급 인상률은 300%가 넘었다. 그래도 10만 원이 채 되질 못했다. 병사의 월급이 처음으로 10만 원을 넘긴 것은 2011년(10만 3,800원)이었는데, 이명박 정권이 2008년 출범 이후 2010년까지 병사의 월급을 9만 7,500원으로 동결했다가 2011년에야 인상했던 것이다. 이후로 병사 월급은 매년 인상을 거듭해 박근혜 정권 마지막 해에는 21만 6,000원에 이르렀는데 이때 대장과 병사의 월급 격차는 36배까지 줄어들었다.

문재인 대통령은 병사의 월급을 2017년 최저임금의 50%를 목표로 인상하겠다고 공약했고 이를 지켰다. 국방부가 발표한 '2021~2025 국방중기계획'상 2022년 기준 병장 월급은 67만 6,100원으로 딱 2017년 최저임금(월 135만 2,230원)의 절반이다. 2022년 현재 병장과 대장 간 월급 차이는 12배다. 1970년대에 160배 정도였음을 고려할 때, 두 계급 간 월급 차이로 병사의 군복무에 군이 어느 정도의 가치를 매겨왔는지 가늠한다면 그 가치는 13배가 오른 셈이다. 월급의 많고 적음이 하는 일의 가치를 오롯이 담아내는 것은 아니지만, 적어도 돈을 주는 이가 받는 이의 일을 어떻게 생각하는지 보여주는 지표는 될 수 있다. 대한민국이 국방의 의무에 매겨온 가치는 불과 10년 전만 해도 10만 원이 채 되질 않았다. 병사들은 소모품에 불과했던 것이다.

○

"병사 봉급 월 200만 원."

20대 대선이 한창이던 2022년 1월 9일, 윤석열 대통령 후보가 공약 하나를 내놨다. 그즈음 올리기 시작한 페이스북 한 문장 공약 중 하나였다. 앞뒤로 다른 후보들도 관련 공약을 내놨다. 그렇게 대선을 거치며 병사 월급 200만 원 시대는 이론의 여지가 없는 기정사실이 된 듯 보였다.

징집된 병사 월급을 간부에 준하는 수준으로 인상하는 건 오랜 세월 외면한 문제를 한꺼번에 해결하는 일이다. 사회 전반의 경제력이 신장되고 군사력이 증강되었으면 병사 처우도 함께 개선되었어야 한다. 그러나 그걸 수십 년간 제자리에 두고 젊은이들의 피와 땀으로 때워왔으니 무거운 빚이 뒤늦게 우르르 청구되는 것이다. 이 점에서 나라 살림에 부담이 안 된다면 거짓말이리라. 그러나 어찌되었든 이 비용은 우리 사회가 함께 감당해야 할 몫이다. 맹목적 희생에 공동체의 안전을 부담 지울 수 있는 시대는 이제 끝났다. 대선에서 대부분의 후보가 병사 월급 200만 원 시대를 공약했던 것은 사회 전반에 공감대가 형성되었기에 가능했던 일이다.

그런데 윤석열 정권은 취임과 동시에 병사 월급 인상

공약을 2025년까지 단계적으로 인상하는 방향으로 수정했다. 갑작스러운 인상에 뒤따를 재원 마련의 어려움을 원인으로 꼽았다. 하지만 그에 앞선 다른 문제가 있었다. 온갖 질문이 쏟아져 나왔기 때문이다. '병사들의 월급이 200만 원이면 그보다 월급이 적은 하사는 어떻게 하실 건가요?', '소방관 월급이 병사보다 더 적은 게 말이 되나요?' 같은 액수의 적정성을 따져 묻는 질문부터 '세금은 떼나요?', '이제 식비와 피복비는 월급에서 공제하는 건가요?' 같은 월급의 성격을 묻는 질문까지 뉴스 댓글창에 의견이 분분했다. 왜? 우리 사회가 병사의 월급이 얼마여야 하는지 진지하게 제대로 고민해본 적이 없기 때문이다. 터무니없이 적은 월급을 주던 시절엔 200만 원도, 최저임금도 거리낌 없이 이야기할 수 있었다. 당위성은 있지만 현실성은 없었기 때문이다. 그런데 갑자기 당위가 현실로 다가오니 미뤄둔 질문들이 혼란스럽게 쏟아지는 것이다.

병사 월급 인상은 단순히 돈 문제가 아니다. 병사와 초임 간부가 비슷한 급여를 받으면 병역의무 이행에 따른 합당한 대가를 받고 있다고 보아야 하는가? 아니면 그럼에도 젊은이들이 소중한 시간을 나라를 위해 바쳤으니 희생과 헌신에 보답하기엔 모자라다고 봐야 하는가? 우리 사회는 이런 문제에 대해 터놓고 고민해본 적이 없다. 병사를 소모품만도 못하게 다뤄온 상식 이하의 세상에 너무 오래 살아왔기 때문이다. 병사는 언제나 불쌍하고, 안타깝고, 끌려가서 고생하는 존재로만 여겨졌을 뿐이다. 그 이상을 고민하기엔 병사의 처우가 너무 열악했다.

○

2015년, 국회는 「군인의 지위 및 복무에 관한 기본법」을 제정했다. 줄여서 「군인복무기본법」이라 부르는 법이다. 군인은 어떤 사람이고, 어떤 권리와 의무를 갖고 있으며, 어떻게 권리를 제한하고 의무를 부과해야 하는가에 대한 내용을 담고 있다. 군대도 국가기관이니 그곳에 종사하는 사람들의 권리와 의무를 규정하는 기본법을 갖추는 것은 당연한 일이다. 그런데 이 당연한 일이 2015년에야 이뤄졌다.

2016년 이전에 군대를 다녀온 사람이라면 누구나 「군인복무규율」을 안다. 달달 외워야 하기 때문이다. 「군인복무규율」은 군인은 어떤 사람이고, 어떤 의무를 갖고 있으며, 어떻게 권리를 제한하고 의무를 부과하는가에 대한 내용을 담고 있다. 맞다. 「군인복무기본법」과 비슷하다. 그러나 둘은 다르다. 「군인복무기본법」은 국회가 제정한 법률이지만, 「군인복무규율」은 대통령이 만든 '대통령령'에 불과하다.

상위법도 없어서 대통령이 결심하고 국무회의에서 의결하면 언제든지 내용을 바꿀 수 있다. 명백한 위헌이다. 「헌법」 제75조는 "대통령은 법률에서 구체적으로 범위를 정하여 위임받은 사항과 법률을 집행하기 위하여 필요한 사항에 관하여 대통령령을 발할 수 있다"라고 규정하고 있다. 또 제37조 제2항은 국민의 모든 자유와 권리는 법률로써만 제한할 수 있다고 규정하고 있다. 어떤 법도 대통령에게 군인의 의무와 권리 제한을 규정할 수 있게끔 위임한 적이 없고, 위임할 수도 없다. 그러나 장장 70년 가까운 세월 동안 군인은 헌법의 테두리 바깥에 놓인 '이등시민'이었던 것이다.

「군인복무기본법」은 2014년 육군 제28사단에서 '윤 일병 사망사건'이 발생한 뒤로 군인의 권리 보장에 대한 사회적 요구가 커짐에 따라 제정되었다. 무참한 죽음이 비로소 군인을 헌법의 울타리 안으로 불러들인 셈이다. 사정이 이러하니 싼값에 징집한 병사가 어떤 존재인지 법의 테두리에 담아낼 고민 같은 것이 존재했을 리 없다.

○

병사 월급 이슈를 한 꺼풀 벗겨보면 '병사란 과연 어떤 존재인가?'라는 질문에 닿게 된다. 병사가 월급을 얼마나 받아야 하는지 답할 수 없는 것처럼, 우리는 징병제하에서 의무복무 중인 병사들이 어떤 존재인지도 쉽게 정의하지 못한다.

병사 월급 인상률은 정권의 의지에 따라 널뛰기를 한다. 대통령 임기 중 인상률이 문민정부 17.7%, 국민의정부 73.7%, 참여정부 322.1%, 이명박 정부 32.9%, 박근혜 정부 66.7%, 문재인 정부 150.4%로 천차만별이다. 원래 급여액이 턱없이 적은 탓에 차이의 폭도 컸을 수 있겠으나, 기준선이란 것 자체가 없다. 공무원의 보수는 '공무원보수규정'에 따라 인사혁신처장이 실시하는 보수자료 조사에 근거하여 책정된다. 인사혁신처장은 보수자료 조사 시 민간의 임금수준, 표준생계비 및 물가변동 등을 근거로 공무원의 보수를 책정한다. 그래서 공무원 봉급 인상률은 정권과 관계없이 오름세가 일정하다. 군인 간부의 월급 역시 「군인보수법」에 의거한 '공무원보수규정'에 따라 책정된다. 그런데 유독 병사의 월급만 '공무원보수규정'상 '군인의 봉급표' 말미에 정액으로 쓰여 있다. 월급을 책정하는 방법도 딱히 정해진 바가 없다. 그냥 결정권자가 정하는 대로다.

우리 법령 체계에서 병사는 이렇게 불분명한 존재다. 명쾌한 정의가 담긴 법률 한 줄이 없다. 병사는 공무원이 아니지만, 그렇다고 공무원이 아닌 것도 아니다. 병역의무 이행을 위해 징집되어 있지만 공무원의 지위와 권리를 보장받는 것도 아니고 책임을 갖는 것도 아니니 공무원은 아니다. 그러나 공무원과 마찬가지로 공무를 수행하고, 잘못하면 공무원과 마찬가지로 행정처분에 해당하는 징계를 받고, 국가로부터 월급도 받는다.

대체 병사는 대한민국 법령 체계에서 어떤 존재일까? 누구 하나 속 시원히 답을 낼 수 없는 것이 현실이다. 대한민국은 군인의 존재를 고민하는 일에 태만했다. 관심이 없었다. 존재에 대한 무관심은 권리에 대한 무관심과 같은 말이다. 우리 군이 병사들을 '한 번 쓰고 버리는 소모품'쯤으로 취급한다고 욕먹는 데는 다 이유가 있다. 존재와 권리에 무심한데 사람다운 대접이 가능할 리가…….

네 사람 변희수 (1998~2021)

그녀가 군을 믿은 이유

트랜스젠더 군인 고 변희수 하사 강제 전역 사건

2020년 1월 22일 부사관 한 사람이 대한민국을 발칵 뒤집었다. 성확정(성전환) 수술을 했다는 이유로 강제 전역을 당한 트랜스젠더 군인 변희수 하사가 얼굴과 이름을 공개하고 대중 앞에 나선 것이다. 기자회견장이 발 디딜 틈 없이 꽉 찬 터라 정작 기자회견을 준비한 나는 변희수가 커밍아웃 하는 모습도 제대로 보지 못하고 기자들의 질문 시간이 되어서야 비집고 들어가 곁에 자리할 수 있었다.

그런데 변희수를 향해 쏟아지는 기자들의 물음 속에 다소 특이한 점이 있었다. 많은 이들이 "여군이 되고자 한 것인가?" 같은 질문을 던졌다. 처음에는 난센스라 생각했다. 여군은 직업도 아니고 그저 군인 중에 성별이 여성인 자를 일컫는 말일 뿐이다. 변희수의 직업은 여전히 군인이었고, 여성이 되고 싶었을 뿐이지 여군이 되고 싶었던 것은 아니다.

변희수를 둘러싼 숱한 논쟁에서 가장 풀기 어려운 과제는 이 '난센스'로부터 출발했다. 트랜스젠더가 자신의 정체성을 찾아가는 사적(私的) 과정과 직업인으로서 관계와 삶을 지켜내는 공적(公的) 과정, 전혀 다른 두 이야기가 뒤죽박죽되어버렸기 때문이다. 그로부터 1년여가 지난 2021년 2월 27일, 우리는 그녀를 잃었다.

○

전역심사위원회를 며칠 앞둔 날이었다. 변 하사는 본인이 계속 복무할 수 있지 않겠느냐는 말을 하곤 했다. 그럴 리가. 남의 희망에 찬물을 끼얹는 일이 비록 못할 짓이지만, 굳이 꼭 열어야 하는 것도 아닌 전역심사위원회를 억지로 여는 마당에 허망한 기대에 매달리는 모습이 마음 아파 조목조목 설명을 해줬다. 그래도 군이 자기를 버리진 않을 거란 실낱같은 기대는 쉽게 사라지지 않았다. 전역 심사가 진행된 1월 22일 당일까지 그랬다. 그땐 왜 그렇게 그녀가 군을 믿는지 잘 몰랐다. 그저 겪어온 세상이 군대밖에 없어서, 20대 초반의 청년이 아직 세상 돌아가는 험한 물정에 닿아본 적이 없어서 그런 게 아닐까 싶었다. 그래서 답답했다. 가망 없는 기대가 어려운 순간을 더 힘들게 할 터인데 왜 더 아픈 길을 찾아가나 싶었다.

장례식장에 우두커니 서서 영정 속에서 웃고 있는 변희수를 보다 보니 별별 생각이 다 들었다. 군이 원망스럽다는 생각 한편에, 그렇게 싫다는데 군으로 돌아가겠다고 아등바등 버티던 변 하사가 딱하다는 마음도 없지 않았다. 그리하여 질문은 다시 도돌이표를 그려 '변희수는 왜 그렇게 군을 믿었을까?'에 닿았다.

"여단장님 뵙고 나왔어요. 규정 안에서 여단에서 조치해줄 수 있는 건 해주신다고 하셨어요. 하사님이 준비만 되신다고 하면 수술 후의 여러 조치에 대해 미리 함께 논의하실 의향이 있다고 하셨어요. 여단 인사 실무자와 하사님과 하사님이 믿을 수 있는 분(인권변호사)과 함께 의논해보자고 했어요. 예를 들면 숙소나 여군휴게실 사용 등등."

2019년 8월 변 하사에게 소속 부대 양성평등상담관이 남긴 메시지다.

"잘못 들었습니다?!"

"여단장님께서 직접…요? 헐…."

변 하사의 답장에는 놀라움이 묻어 있었다.

이미 한 달 전인 2019년 7월에 대대장에게 본인이 트랜스젠더라는 사실을 보고했고 호의적 반응을 경험한 바 있는 그녀였다. 그런데도 장성급 지휘관인 여단장이 자신을 이해해주었다는 사실이 마냥 놀라웠던 모양이다. 그뿐인가. 이해를 넘어 머리를 맞대고 앞으로의 복무 환경에 대해 논의해보자고 하니 놀라움을 넘어 신기한 감정도 들었을 것이다.

변 하사만 놀란 것은 아니었다. 변 하사와 상담을 진행하고 있던 군인권센터 활동가들도 적잖이 놀랐다. 사실 활동가들은 변 하사의 커밍아웃에 우려가 많았다. 군이 아직 성소수자에게 안전한 공간이 아닐뿐더러, 무엇보다 성정체성을 밝히는 순간 현역부적합심의에 회부하지 않을까 하는 걱정이 컸다. 그 와중에 부대 지휘관들이 연이어 지지와 공감을 표해줬다는 소식은 오히려 활동가들이 군에 너무 편견을 갖고 있었던 것 아닐까 하는 혼란을 주기에 충분했다.

몇 달 뒤 여단장은 수술을 위해 국외로 떠난 변 하사에게 이런 메시지도 남겼다.

“지금쯤 수술 시작했겠구나. 수술 잘 마치길 바라고, 건강했으면 좋겠다. 수술하고 회복되면 그때 다시 한번 연락주라. 너를 위해 기도할게.”

“수술 잘되었다고 대대장에게 보고받았다. 다행이고, 축

하한다. 빨리 건강 회복하고 귀국 무사히 잘하길 바란다.”

출국을 며칠 앞둔 때에는 군단장도 변 하사에게 이메일을 보냈다.

“변 하사! 편지 보내주어 고맙고 수고가 많다. 군단장은 누구나 자란 환경과 여건이 다르다고 생각하고 있기 때문에 나는 변 하사를 존중하고 있네. 여러 가지 어려운 점이 많겠지만 변 하사를 많이 생각해주고 있는 여단장과도 잘 상의하곤 해서 슬기롭게 잘 극복하고 건강하기 바란다! 파이팅하게!”

지나간 시간을 복기하다 보니 이 과정을 직접 겪은 변 하사의 심경을 다시 헤아려보지 않을 수 없었다. 지원하는 활동가가 보기엔 그저 변 하사가 복이 많아 훌륭한 지휘관을 잘 만났다는 생각이었지만, 당사자에게는 그 이상의 뭉클한 순간이 아니었을까 싶었다. 결국 변 하사에게 군에 대한 신뢰를 쌓아준 건 아이러니하게도 군이었다.

변 하사는 처음부터 커밍아웃과 성확정 수술을 계획하고 입대한 것이 아니었다. 어릴 적부터 군인의 길을 꿈꿔왔던 변 하사는 학창시절부터 자타 공인 ‘밀덕’이었다. 그렇게 소위 ‘덕업 일치’를 이룬 변 하사는 부사관 특성화고등학교를 졸업했고, 2017년 하사로 임관했다. 임관 후에는 전차 조종수로 근무하며 탱크를 몰았다.

그렇게 군인으로 성장해가던 시간의 한편엔 정체성에 대한 고민도 있었다. 성정체성을 부정하고 살 순 없는 노릇인데, 그렇다고 군복무를 포기하고 싶은 마음도 없었으니 진퇴양난이었다. 당시만 해도 우리 군은 트랜스젠더의 존재를 상상조차 하지 못했다. '트랜스젠더 군인'이란 성립하기 어려운 명제였다. 분명 존재하는데 성립할 수 없는 명제를 두고 자기 부정과 선택을 강요받았던 2년 남짓의 시간이 얼마나 끔찍했을지는 감히 헤아리기 어렵다.

하지만 긴 고민의 끝에서 변 하사는 어느 하나만 선택하지 않았다. 트랜스젠더이면서 동시에 군인으로 사는 길을 찾고자 했다. 그건 변 하사가 남다르게 비범한 사람이라서, 또는 이 시대의 선구자라서 내린 역사적 결단 같은 것이 아니다. 변희수의 길은 변희수가 홀로 만들어낸 것이 아니었다. 변희수의 용기 뒤에는 오랜 고민 속에 조심스럽게 꺼내놓았던 커밍아웃과 예상하지 못했던 전우들의 지지와 응원의 장면이 겹겹이 쌓여 있다.

우리 군은 마치 변희수라는 트랜스젠더가 갑자기 혜성처럼 등장해 군을 헤집어놓은 것처럼 묘사한다. 틀렸다. 변 하사는 상관에게 처음으로 커밍아웃 한 2019년 7월부터 반년이 넘는 시간 동안 별 탈 없이 잘 복무했다. 어떠한 명시적 배제도, 차별도, 혐오도 없었다. 자기 모습 그대로 군에서도 존재할 수 있다는 믿음을 갖기엔 충분한 시간이었다. 상관에게 수술 의사를 피력한 것도, 그래서 허가를 받고 수술을 하러 다른 나라에 다녀온 것도, 다녀와서 국군수도병원에 입원해 복귀를 준비했던 것도 다 그런 믿음에 바탕을 두고 있었다. 그래서 변 하사는 끝까지 군이 자신을 쫓아내지 않으리라 신뢰했던 것이다.

○

그러나 그렇게 만든 신뢰를 배신한 것도 결국 군이었다. 느닷없이 육군본부가 변 하사를 전역심사위원회에 회부하더니 국군수도병원 주치의의 소견에 따라 병원에서 진행된 수술을 '고의적인 신체 훼손'으로 몰아가고 수술의 결과를 '장애'라 이름 짓는 억지를 피우기 시작한 것이다. 육군의 주장대로라면 군병원 주치의는 자해를 사주한 셈이고, 수술을 한 병원은 환자에게 돈을 받고 일부러 장애를 촉발한 셈이니 다 형사입건감이다. 어불성설이란 이럴 때 쓰는 말일 것이다. 군은 말도 안 되는 억지로, 한 사람이 오래도록 어렵게 쌓아온 신뢰를 짓뭉갰다.

하지만 전역의 순간에도 변 하사는 신뢰의 끈을 놓지 않았다. 지나고 보면 가장 마음 아픈 순간은 강제 전역 직후의 기자회견에서 이런 말을 했을 때다.

“저를 포함하여 군이 트랜스젠더의 군인을 받아들일 준비가 미처 되지 않았음은 알고 있습니다. 그렇지만 제가 사랑하는 군은 계속하여 인권을 존중하는 군대로 진보해나가고 있습니다. 저는 인권친화적으로 변모하고 있는 군에서, 저를 포함해 모든 성소수자 군인들이 차별받지 않는 환경에서 각자 임무와 사명을 수행할 수 있었으면 합니다. 제가 그 훌륭한 선례로 남고 싶습니다.”

쫓겨난 마당에 누가 누굴 위해주는 것인지는 몰라도, 변하사는 군에 이해를 건넸다. 그래서 더 화가 난다. 우리 군은 이러한 이해에 전혀 조응할 준비도, 의지도 없었기 때문이다.

미국은 트랜스젠더의 입대와 복무, 복무 중 수술을 모두 허용하고 있다. 그런데 미국도 원래부터 그랬던 것은 아니다. 미군에서 변희수와 같은 트랜스젠더 군인들이 가시화된 것은 ‘묻지도 말하지도 말라’(Don’t ask Don’t tell, 상호간에 성소수자인지 묻지도 말하지도 않되 성소수자라는 사실이 드러나면 전역시키던 미군의 정책) 정책이 폐지된 2011년 이후의 일로 그리 오래되지 않았다. 우여곡절도 많았다. 그러나 미국은 우리와 달랐다.

2016년 미 국방부는 미국의 군사·안보 싱크탱크로 유명한 랜드연구소로부터 〈트랜스젠더 군인의 공개적 복무 허용에 대한 의의 평가(Assessing the implications of allowing transgender personnel to serve openly)〉라는 연구보고서를 받는다. 연구소는 미 국방부의 의뢰를 받아 연구를 수행했는데, 트랜스젠더의 입대를 허용하는 일을 두고 군의 준비상태, 해외 사례, 비용 문제 등을 놓고 현실성을 검토했다. 보고서에서 가장 눈에 띄는 내용은 함께 복무해온 동료가 트랜스젠더란 이유로 쫓겨나는 광경을 보는 일이 트랜스젠더와 함께 복무하는 것에서 오는 낯섦보다 사기에 미치는 영향이 크다는 것이었다. 얼마 뒤 미국 정부는 트랜스젠더의 입대를 전면 허용했다. 다시 2020년 1월 22일 밤에 있었던 일을 떠올렸다. 변 하사가 군에서 쫓겨난 날 밤, 그녀의 상관 한 사람이 전화를 걸었다. 안부를 주고받던 그는 이내 울었다. 지켜주지 못해 미안하다는 말과 함께.

그러나 우리 군은 2019년 7월 변 하사가 트랜스젠더임을 상관에게 처음 보고한 이래로 변 하사가 세상을 떠날 때까지 트랜스젠더의 군복무 문제에 대해 연구는커녕 내부 검토조차 하지 않았다. 그저 법원의 판단을 기다리겠다는 말만 앵무새처럼 반복하며 트랜스젠더가 군에 있으면 여군이 불편해한다든지 기강과 단결이 흐트러진다는 등의 근거 없는 주장을 열거할 뿐이다. 적어도 고민하고 따져보는 척이라도 해야 할 텐데 그냥 덮어놓고 싫다는 말만 했다. 일선의 군인들은 저마다의 삶 속에서 트랜스젠더와 함께 복무하는 법을 배우고 고민하고 있는데 국방부만 멀찌감치 서서 꼼짝을 하지 않았다.

○

2021년 8월쯤이었을까. 변희수 하사 전역처분취소청구 소송에서 네 번의 변론이 모두 끝났을 때였다. 변 하사가 우리 곁에 남아 있었다면, 그래서 직접 재판의 모든 과정을 지켜보았다면 그 안에서 받았을 상처를 헤아려본 날이 있었다. 당사자가 앞에 앉아 있었다면 군법무관들이 늘어놓는 차별과 혐오의 덧칠이 좀 덜했을까? 그래도 가혹한 나날이었을 것이다. 군법무관들뿐이겠는가. 온 세상이 던진 비수 같은 말을 견디게 해 미안하고, 아팠다.

"성전환 이전 성전환증 유병자는 일반인에 비해 정신적으로 건강하지 못한 상태라는 것은 일반적으로 수용되는 바이고, 그렇기 때문에 성전환 이후에도 높은 수준의 우울증을 겪거나 낮은 삶의 질을 호소하게 된다."

이 내용은 육군참모총장의 소송대리인이었던 군법무관이 재판 과정에서 펼친 주장을 그대로 옮긴 것이다. 군법무관은 통상적으로 트랜스젠더들이 성확정 수술을 한 뒤에도 우울증을 겪기 때문에 변 하사도 장차 그렇게 되었을 것이라 추정, 강제로 전역시킨 것이 타당한 판단이었다고 주장했다. 다시 말해 '트랜스젠더는 원래 사회부적응자'이고, 그렇기에 '군대에서 쫓아내는 것이 당연'하다는 낙인을 찍은 셈이다. 군법무관은 주장의 근거로 〈성전환수술을 받은 성전환자에 대한 장기 추적조사 결과를 기재한 스웨덴에서의 코호트 연구〉라는 스웨덴 연구 자료를 제시했다. 인용한 문구는 다음과 같았다.

"성전환수술이 성별불일치감을 완화하기는 하지만 그것만으로는 성전환자들로부터 발견되는 높은 수준의 발병률과 사망률을 완화하기에는 충분하지 않음을 방증……."

그러나 군법무관은 그 뒤에 나오는 내용은 애써 무시한 모양이다. 원래 연구보고서는 성확정 수술이 성별불일치감을 완화하기는 하지만, 트랜스젠더에게 가해지는 사회적 차별이 온존하는 한 수술만으로 모든 문제가 해결될 것을 기대하기는 어렵다는 취지로 쓰였다. 시스젠더(cisgender)에 비해 사망률이 높은 이유도 사회적 차별에 기인한 바가 크다고 평가했다. 그렇기 때문에 국가가 트랜스젠더 차별 문제를 해결하고자 노력해야 한다는 주문도 나온다. 그런데 군법무관은 앞뒤 맥락을 다 자르고 마치 트랜스젠더가 타고난 사회부적응자라도 되는 양 주장하는 근거 자료로 끌어다 쓴 것이다. 군법무관은 차별 문제를 해결하자는 연구 자료를 가져다 차별의 낙인을 찍었다.

다행히 법원은 이런 주장을 받아들이지 않았다. 그리고 2021년 10월 7일, 법원은 변희수 하사의 강제 전역은 위법이라는 판결을 내렸다. 국방부와 육군은 항소의 뜻을 밝혔으나, 법무부의 항소 포기 지휘로 10월 26일 자로 전역 처분 취소가 확정되었다. 역사적 판결이었다.

판결문은 이 사건 소송을 유가족이 이어나가는 일이 타당하다는 내용으로 시작한다. 육군은 재판이 시작하는 날부터 끝나는 날까지 변희수 하사가 죽었기 때문에 소송이 즉시 종료되어야 한다는 말을 줄기차게 반복했다. 그럼에도 법원이 소송 수계를 인정한 까닭은 이러했다.

"성전환수술을 하는 사람들이 존재하므로, 이 사건 처분과 동일한 사유로 위법한 처분이 반복될 위험성도 배제하기 어렵다. 따라서 이 사건 처분의 위법성 확인은 적법성 확보와 그에 대한 사법 통제, 국민의 권리구제 확대 등의 측면에서 필요하다고 본다."

문득 훌륭한 선례로 남고 싶다던 변 하사의 커밍아웃이 떠올랐다. '변희수의 말대로 되었구나' 싶다가 이내 먹먹했다. 변희수가 말한 "훌륭한 선례"는 트랜스젠더도 아무 탈

없이 군인으로 잘 복무할 수 있다는 걸 삶으로 직접 보여주겠다는 것이었을 텐데. 변희수의 삶이 아닌, 건조한 활자로 마주한 "훌륭한 선례"가 아팠다.

○

강제 전역은 위법한 처분이 되었지만 우리 군은 끝까지 변희수를 함께 복무했던 동료로 받아들이지 못했다. 고 변희수 하사의 기일은 2021년 2월 27일이다. 부검과 변사 사건 수사 결과가 모두 그렇다. 그런데 국방부만 변 하사의 기일을 시신이 발견된 3월 3일이라 우겼다. 대한민국 국군은 왜 사람 죽은 날을 두고 억지를 썼을까. 2월 28일을 기준으로 변 하사가 군인 신분으로 죽었는지 민간인 신분으로 죽었는지가 달라지기 때문이다. 그에 따라 변희수의 죽음에 대한 예우도 달라진다. 위법한 처분으로 세상을 등진 군인에겐 국가가 마땅한 법적 책임과 의무를 져야 하지만, 민간인에겐 그렇지 않다. 군은 변 하사를 순직자로 인정하고 싶지 않았던 것이다. 2월 28일 전에 사망했으면 순직을 인정해야 하지만, 그 뒤에 사망했으면 그렇지 않다.

2021년 2월 28일은 변희수 하사의 만기 전역 예정일이었다. 하사는 4년의 의무복무를 마치면 만기 전역 이전에 장기 복무를 신청해 선발되어야 계속 군인으로 살아갈 수 있다. 그러나 변 하사는 2020년 1월에 갑자기 강제로 쫓겨난 탓에 장기 복무 신청을 할 기회도 얻지 못했다. 그래서 2021년 2월 28일이 지나면 변 하사는 소송에서 이겨 군으로 돌아가도 바로 만기 전역이 되어 다시 군을 나서야 했다.

20210228. 여덟 개의 숫자가 주는 절망감을 읽었어야 하는데. 며칠만 일찍 전화를 해봤으면 어땠을까. 지금도 그런 무망한 후회를 하고 산다. 하루 종일 동동거리다 싸늘해진 변 하사를 발견한 2021년 3월 3일은 나에겐 그런 후회로 덧칠된 날이다. 그러나 우리 군은 민간인 몸으로 시신이 되어 발견되었으니 딱히 변희수의 죽음을 책임질 까닭이 없다고 여겼던 모양이다. 그들에게 2021년 3월 3일은 다행한 날이었을까. 순직이고 뭐고 복잡한 고민 안 해도 되니까 좋은 것일까. 그래서 남의 죽음을 우겨대는 이 기괴한 풍경이 펼쳐진 것이다. 이런 야만스러운 생각에 이르면 하도 기가 막혀서 화도 안 난다.

다행히 2022년 4월 '대통령 소속 군사망사고진상규명위원회'가 변희수 하사 사망에 대한 직권조사를 끝내고 결과를 발표했다. 위원회는 변희수의 기일은 2월 27일이며 사망의 주된 원인은 강제 전역에 의한 좌절감이라 규정하고 국방부에 순직 심사를 권고했다. 직권조사가 한창일 때 변희수 하사 부모님을 모시고 조사관을 만난 적이 있다. 그땐 그런 생각을 했다. 어느 날 어느 시에 변희수가 우리 곁을 떠났는지, 이런 것까지 다퉈 얻어내야 하는 걸까. 어이없는 싸움이 계속되면 가끔 현실감을 잃는다. 오롯이 기억하고 마음에 담기까지가 참 더디고 어렵다.

그래도 변 하사와 동료들이 소중히 쌓은 신뢰를 헛되게 하고 싶지 않다. 그녀의 신뢰를 세상 물정 몰라 빚은 치기로 만들고 싶지 않다. 변 하사가 처음으로 언론 앞에 서서 남겼던 말 중에 이런 말이 있다.

"수술을 하고 계속 복무를 하겠느냐, 부대 재배치를 원하느냐는 군단장님의 질문에 저는 최전방에 남아 나라를 지키는 군인으로 계속 남고 싶다는 답을 하였습니다. 저의 성별 정체성을 떠나 제가 이 나라를 지키는 훌륭한 군인 중 하나가 될 수 있다는 것을 모두에게 보여주고 싶습니다."

이제 남은 이들이 변희수의 믿음을 현실로 만들 때다.

불편을 거부할 권리는 없다

군대가 불편해하는 존재들

트랜스젠더 군인, 변희수 하사가 커밍아웃을 하고 얼마 지나지 않았을 때의 일이다. 언론에 정체를 알 수 없는 익명의 여군들이 등장했다. 국방부 관계자라는 사람이 변 하사가 계속 군에 남아 복무하는 것에 대한 찬반 입장을 소개하는 기사에 여군들이 내무실과 샤워실, 화장실을 함께 쓰는 일을 불안해한다는 말을 남겼기 때문이다. 변 하사나 여군이나 모두 개인 숙소를 쓰는 간부이기 때문에 내무생활을 함께하거나 단체로 샤워를 할 일은 거의 없다. 국방부 관계자가 만났다는 여군들의 실존이 살짝 의심스러웠지만 사회 전반에 트랜스젠더 혐오가 퍼져 있는 데다 여군도 숫자로

만 1만 명이 넘으니 그런 걱정을 하는 사람도 있을 순 있겠다고 생각했다.

다음 날엔 또 다른 여군들이 언론에 등장했다. 이들은 트랜스젠더 군복무에 반대하는 목소리가 여군을 대표할 순 없다며 함께 생활해본 적이 없으니 불편이 없을 수야 없겠지만 익숙해지지 않겠느냐는 반응이었다. 한 여군은 "언제부터 국방부가 그렇게 여군을 챙겨줬냐"라며 여군들의 안전 때문에 변 하사를 강제 전역시켰다는 국방부의 설명이 옹색하다는 반응을 보였다. 그럼 여군들이 반대하면 남군들도 다 쫓아낼 것이냐는 말도 덧붙였다. 군에서 성폭력 사건이 터지면 가해자를 타 부대로 보내는 피-가해자 분리의 기본도 안 지켜지는 경우가 부지기수인데 트랜스젠더 한 사람을 놓고 여군의 안전을 운운하니 기가 찰 만도 하다.

한편에서는 여군 선발 경쟁률이 남군에 비해 훨씬 센데 변 하사가 쉽게 남군으로 입대하여 여군이 되려는 것은 반칙이라는 지적도 이어졌다. 아무리 공정이 시대의 화두라지만 참 아무 데나 불공정 딱지를 붙인다고 생각했다. 세상천지에 누가 손쉽게 여군이 되고 싶어서 남군으로 입대해 수술까지 받는단 말인가? 물론 남군보다 여군이 선발 경쟁률이 센 것은 사실이다. 애초에 선발하는 인원수가 적기 때문이다. 전체 간부 중 여군 비율은 약 8%에 불과하다. 늘어나고 있는 추세이긴 하지만 여군 숫자에는 국방부가 정해둔 상한선이 있다. 들어가는 문이 좁으니 경쟁률이 센 것은 당연하다. 높은 경쟁률을 뚫었다고 장한 일이라 인정해주는 것도 아니다. 딱히 혜택이 있다거나 진급에 용이한 점도 없다. 들어가는 문이 좁은 만큼 당연히 올라갈 자리도 적다. 군 조직에서 남군이 여군이 되어 득 볼 일이 없다는 건 여군이라면 누구나 다 안다.

다양성을 갖출 준비가 되지 않은 것을 아무렇게나 여군 탓으로 돌리는 국방부의 태도는 비겁했다. 그러면서도 묘한 기시감이 느껴졌다. 어디선가 본, 그래서 익숙한 차별과 배제의 언어들. 누군가의 불편으로 다른 이의 권리의 틀을 한정 짓는 일. 우리 군이 즐겨 쓰는 그 방법이 떠올랐다.

○

전역한 여군들을 만나면 기상천외한 경험을 들려주곤 한다. 한번은 이런 이야기를 들었다. 부대에서 회의를 하는데 회의 장소가 간부 목욕탕이더라는 것이다. 그 부대 지휘관은 하루를 마무리하며 으레 사우나도 하고 피로도 풀며 그날 있었던 일을 보고받았다고 한다. 목욕탕에 들어앉아 회의를 하는 것도 우스운 일이지만 이렇게 되면 자연스레 여군은 회의에 참석할 수 없게 되는 문제가 생긴다. 남군 지휘관들이 여군을 어떤 존재로 인식하는지 적나라하게 보여주는 사례가 아닐 수 없다. 전우나 동료라기보다 굳이 없어도 되는 사람쯤으로 취급한 것이다. 그래도 매번 여군을 빼고 회의를 할 순 없으니 부대에 여군이 온 뒤로는 사우나 회의를 줄였다지만 불편해하는 기색이 역력했다고 한다. 괜히 여군이 부대에 와서 번거롭게 따질 일만 늘었다는 식이다.

우리 군에 공식적으로 여군이 생긴 것은 한국전쟁이 일어난 1950년이다. 처음에는 '여군'병과가 따로 있었다. 간호병과를 제외한 모든 여군은 임무에 관계없이 여군병과에 속했다. 병과란 것이 본래 하는 일에 따라 나누는 것인데 여군은 하는 일이 '여성'인 셈이었다. 초창기 여군들은 주로 행정 업무나 지휘관들의 비서 업무를 맡았다. 사실 사회가 요구하는 '여성의 일'을 맡기기 위해 뽑아둔 것이나 다름없었다. 술자리에 후배 여군에게 사복을 입혀 보내라 했는데 전투복을 입혀 보냈다가 보직 해임을 당했다는 여군 중령 출신 피우진 전 국가보훈처장의 일화는 유명하다. 그러다 1990년 여군병과를 없애고 여군도 남군과 동일하게 병과에 배정하기 시작하면서 순차적으로 여군의 역할이 넓어졌다. 하지만 여군이 육군에서 포병이나 기갑, 방공과 같은 병과에 진출한 게 채 10년이 되지 않았고, 해군 잠수함 승조원은 2022년이 되어서야 처음으로 선발계획이 나왔다.

2017년까지 여군은 GP, GOP 같은 접경지역 부대의 중대장·소대장·분대장을 맡을 수 없었다. 당시 「국방 인사관리 훈령」은 지상 근접 전투를 주임무로 하는 부대(GOP 및 해·강안 경계 담당 대대)의 지휘자(분·소·중대장) 보직에 여군을 제한하는 한편, 여군에게 지휘자를 맡길 때는 신병교육대, 동원·향토사단(해안은 제외), 교육기관 위주로 보직 심의를 거쳐 적격자만 보직하게끔 규정하고 있었다. 그뿐 아니라 여군의 신체 특성을 고려하여 전차 승무원, 방공 진지 근무자 등 밀폐된 공간이나 소규모 단위로 임무를 수행하는 보직에는 임명할 수 없게 하였으며 항공구조사, 심해잠수사, 특공부대 중(소)대장 등은 아예 여군이 임무를 수행하기에 적절하지 않은 직위로 못 박아두었다.

장교의 진급 심사에 있어 각 계급별 지휘관(자) 직위는 필수 보직이다. 일선 부대에서 중·소대장을 맡아보지 않고는 상위 계급으로 진급할 수 없는 것이다. 특히 접경지역인 전방부대 근무 경험은 진급과 장기복무 심사에서 가점이 주어지는 인사 자력(人事自歷)이다. 장교들은 성별에 관계없이 한 틀에서 진급 경쟁을 한다. 제한 없이 지휘관(자) 직위를 맡을 수 있고 접경지역에서 근무할 수 있는 남군과 그렇지 않은 여군 중 누가 진급에 유리한지는 불 보듯 뻔하다. 국방부는 여군에 한해 지휘관(자) 직위를 필수 보직이 아닌 선택 보직으로 돌렸지만, 후방 참모 보직만 맡은 여군은 상대적으로 진급 경쟁에서 불리한 위치를 점할 수밖에 없다. 남군보다 높은 경쟁률을 뚫고 입대했으나 출발선도 다르고 기울어지기까지 한 운동장에서 달리기를 시작하는 셈이다.

더욱이 규정상 여군을 배치할 수 없는 부대 중에는 '생활시설을 구비하는 데 과다한 비용 및 노력이 소요되는 부대'도 포함되어 있었다. 적나라하게 말하면 이는 여군이 오면 돈이 많이 들고 귀찮은 일이 생긴다는 인식의 다른 표현이다. 비용과 노력은 얼마나 되어야 과다한 것일까? 여자 화장실을 지으면 과다한 것일까? 아니면 숙소까지 지어야 하면 과다한 것일까? 국방부는 여군이 부대에 배치되면 어떤 생활시설들을 구비해야 하는지, 훈련을 나갈 때 필요한 시설과 그 비용은 어떻게 되는지 등에 대한 명확한 기준을 갖고 있지 않았다. 단지 '과다한 비용 및 노력'이라는 주관과 재량으로 눙쳐온 것이다. 실제 인사를 보면 이 기준은 뒤죽박죽으로 적용되기도 했다. 해군은 첫 여군 함장을 임명할 때 여군 시설을 갖춘 전투함이 아닌 전투지원함에 배치했다. 이 배에는 여군이 타본 적도 없었다. 이처럼 애매모호한 규정은 오래도록 부대 지휘관들이 여군이 부대에

오는 것을 꺼리거나 주요한 보직에서 밀어내는 핑계로 기능했다.

사정이 이렇다 보니 여군이 인사상의 불이익을 받을까 봐 지휘관(자) 직위를 선택 보직으로 돌려놓은 규정이 어느새 여군은 지휘관(자)에 임명하지 않아도 되는 명분으로 둔갑해버렸다. 여군은 우리 군에서 '돈 드는 불필요한 존재', 천덕꾸러기 취급을 받았던 것이다.

놀라운 것은 앞서 서술한 내용이 관습이나 관례가 아니라 법령규정상 명시되어 있었다는 점이다. 비용과 불편을 앞세워 소수의 존재를 치우는 차별과 배제의 논리가 불과 5년 전까지 버젓이 국방부 훈령에 들어 있었다. 군인권센터는 이 규정들이 여군에 대한 차별적 인사관리 제도를 형성하는 독소조항이라 판단하여 폐지를 위한 활동을 펼쳤고, 2018년부로 모두 폐지되었다.

지휘관들이 여군을 꺼리는 까닭은 또 있다. 젊은 여군들이 부대에 오면 손해라는 인식이 공고하기 때문이다. 지휘관 입장에서 보면 업무에 숙련되고 자리를 잡을 때쯤 되면 곧 애를 낳고 키우러 가니 가르치고 끌어줘봐야 시간 낭비일뿐더러 다른 사람들만 피해를 입는다고 여기는 것이다. 국방부는 출산휴가 및 육아휴직을 남군과 여군 모두 사용할 수 있게끔 보장하고 있다. 그런데 2017년까지만 해도 진급

심사 시 제출해야 하는 '잠재역량평가 참고사항' 서류에는 영어능력시험 점수, 군사교육 이수 등의 스펙을 적는 '특기사항'란에 육아휴직 사용 시기와 일수를 적게 되어 있었다. 육아휴직을 썼다고 가점을 줄 턱은 없을 것이고, 결국 불리한 기준으로 작용했을 터다. 이런 상황에선 남군이나 여군이나 육아휴직을 마음 편히 쓸 엄두를 내기 어렵다. 2018년부로 잠재역량평가 참고사항 서류에 육아휴직을 적는 란은 없어졌지만 우리 군에는 아직도 출산과 육아가 부대에 피해를 주는 걸림돌쯤으로 취급되는 경향성이 잔존한다.

그뿐인가. 여군이 오면 사고가 생긴다고 생각하는 지휘관들도 있다. 남자끼리만 있으면 성폭력 사건도 발생하지 않을 텐데 괜히 여군이 와서 불미스러운 일이 생긴다는 식이다. 이런 인식은 용어 사용에서도 드러났다. 얼마 전까지만 해도 국방부는 성폭력 사건을 '성군기 사고'라 불렀다. 피해자의 관점에서 성폭력을 바라본 것이 아니고 군 조직의 기강을 무너뜨리는 군기문란으로 본 것이다. 성폭력이 군기 문제로 치부되면 성폭력 예방은 군기를 바로 세우는 일로 잘못 번진다. 이러니 군기 문란을 유발하는 여군을 아예 부대에 받지 말자는 잘못된 사고방식이 나타나는 것이다. 국방부는 2015년이 되어서야 「국방부 군인·군무원 징계업무처리 훈령」상 '성군기 위반 사건'을 '성 관련 규정 위반 사건'으로 모호하게 개정했다가, 같은 해 9월 '성폭력 등 사건'으로 다시 개정했다. 아직도 군 내 곳곳에서 낡고 부적절한 용어를 섞어 쓰고 있다.

여성은 군대에서 여전히 낯설고 불편한 존재다.

○

문재인 정부 집권 이후로 국방부가 양성평등 사업으로 중점을 두고 추진 중인 사업 중에 '여자 화장실 설치'가 있다. 기존에 여군이 배치되지 않았던 부대는 물론, 일반 부대에도 부족한 여자 화장실을 증설하는 사업이다. 전역한 여군들로부터 종종 군생활 하다 방광염에 걸렸다는 이야기를 들었다. 여자 화장실이 건물마다 있는 게 아니어서 다른 건물로 가야 하거나, 있더라도 남자 화장실 변기 칸 하나를 여자 화장실로 지정해둬 이용이 쉽지 않으니 참을 수 있을 때까지 참다가 방광염에 걸렸다는 것이다. 요즘 시대에 여자 화장실 증설이 국가사업이 되는 웃지 못할 현실은 그동안 여군이 군에서 어떤 존재였는지 여실히 보여주는 한 단면이라 하겠다.

여군들이 정말 본인을 불편해하더냐고 변희수 하사에게 직접 물어본 적이 있다. 변 하사는 웃으며 절레절레 고개를 저었다. 함께 근무한 여군들과 친하게 잘 지낼뿐더러 오히려 응원해준다는 것이다. 그녀는 복무 중에 이미 호르몬 치료를 받고 있었고, 그에 따른 신체 변화도 나타났다. 변희수의 존재가 여군을 불편케 한다는 국방부 관계자의 말이 그저 관념에 불과한 이유다. 여자 화장실 하나 제대로 구비해두지 않아놓고 변희수와 여군이 화장실을 같이 쓸 걱정부터 늘어놓는 국방부가 우스울 뿐이다. 변희수 이슈를 바라보며 언제부터 여군을 그렇게 챙겼냐고 여군들이 볼멘소리를 하는 데는 다 이유가 있다.

별다른 것이 차별이 아니다. 차별은 다른 삶, 생소한 존재로부터 오는 낯섦과 불편을 거부하고 치우는 일이다. 우리 군은 오랜 세월 차별과 배제의 논리로 조직을 건사했다. 적으로부터 국민을 지키기 위해 언제든 전투에 나설 수 있어야 한다는 특수한 상황을 앞세워 효율과 비용이라는 미명하에 마땅히 해야 할 고민을 방기했다. 그렇게 여군을 치웠고, 같은 논리로 변희수를 치웠다. 이런 조직에선 누구나 언제든 손쉽게 치워질 수 있다.

그러나 불편을 거부하는 건 더 이상 권리가 될 수 없다. 화장실이 필요하면 화장실을 짓고, 숙소가 필요하면 숙소를 짓는 것이 불편을 대하는 국가의 의무이고, 처음 보는 상황이 생기면 잘 조율하여 대책을 마련하는 것이 지휘관의 책무다. 돈이 들고 노력이 든다 하여 필요한 일을 미루고 처한 상황을 외면해서야 되겠는가. 우리 군이 지켜야 할 국민의 모습은 다양하다. 다양한 얼굴이, 다양한 삶이 군대에 녹아 있어야 하는 이유다. 다르다고 배제하고, 낯설다고 밀어내는 군대는 건강한 군대가 아니다. 우리가 만들어야 할 군대는 지키는 이와 지켜야 할 이가 다르지 않은 군대다.

2장 여덟 걸음

철옹성 같은 군대도 바뀐다. 그렇게 작은 변화가 얼기설기 모여 '요즘 군대'를 만든다. 무엇을 어떻게 바꾸었는지 찬찬히 살피고 채워야 할 모자람을 세는 일이 다음의 변화를 만드는 용기가 될 것이라 믿는다. 더딘 변화가 오기를 견뎌낸 이와, 떠난 이와, 그리움으로 기다린 이들을 걸음마다 새기는 마음으로 지난 10년간 군대에 일어난 여덟 가지 변화를 이야기해본다.

박 일병은 누가 죽였나

피로 빚은 법, 「군사법원법」

"좀 도와주세요. 우리 아들 괴롭힌 애들이 다 풀려났어요."

"예. 아드님이 어떤 괴롭힘을 당하셨나요? 지금 상태는 요?"

"우리 아들은 죽었어요."

뭐라고 대답해야 할까. 짧은 순간, 많은 질문이 머릿속을 스쳐갔다. 위로를 전해야 하는 것일까. 어떻게 죽었는지 물어봐도 괜찮을까. 사람이 죽었는데 왜 다 풀려났을까. 창황(蒼黃) 중에 무슨 질문을 어찌 건넸는지 기억나지 않는다. 다만 수화기를 오가는 공기가 어렵고 낯설었던 기억은 뚜렷하다. 그렇게 자식을 떠나보낸 어머니와 한 시간 남짓의 전화 통화를 하며 뒤죽박죽 섞인 물음표를 꾸역꾸역 풀어냈다. 처음으로 지원을 맡았던 사망사건이었다. 2016년 9월의 일이니 군인권센터에서 상근 활동을 시작하고 3개월쯤 지났을 때다.

사건은 2016년 초, 육군 전방 사단 GP에서 벌어졌다. 그 무렵 북한의 4차 핵실험이 있었다. 정부는 대북 확성기 방송을 재개했고 전방지역 긴장감은 최고조에 달했다. 혹시 모를 도발에 대비해 경계가 강화되었고, 병사들의 외출·외박도 통제되었다. 경계 강화로 근무가 늘어난 병사들은 영하 20도의 엄동설한 산중에서 하루 평균 다섯 시간의 쪽잠을 두세 시간씩 찢어 자며 근무하고 있었다.

그러던 어느 날 새벽, 초소에서 총성이 울렸다. 근무를 서던 박 일병은 그렇게 스스로 생을 마감했다. 박 일병의 부모님이 부대로 달려갔을 때, 이미 아들은 말이 없었다. 어머니는 지난 휴가 때 터미널까지 찾아가 아들을 잘 부탁한다며 밥을 사줬던 선임들을 붙들고 울었다. 잘 좀 챙겨주지 그랬냐며. 아들을 죽음으로 몰아간 이들이 바로 그들이란 걸 알게 되기까진 그리 오래 걸리지 않았지만.

박 일병은 두 달간 세 명의 선임으로부터 구타·가혹행위를 당했고 이루 말할 수 없는 모욕과 성적 괴롭힘을 겪었다. 사실 박 일병은 2015년 9월에 있었던 GP 투입 때도 선임에게 폭행을 당한 적이 있었다. CCTV에 버젓이 찍힌 폭행 장면을 부대 간부가 봤지만 가해자를 GP에서 철수시키는 선에서 사건을 묻었다.

그리고 2016년 1월, 다시 투입된 GP는 지옥이었다. 극한의 근무 여건 속에서 선임병들은 모든 일을 후임병들에게 떠넘겼다. 청소는 물론이고 빨래, 심지어 경계근무까지 몰아줬다. 자기에게 돌아온 일을 다시 후임에게 전가하지 못한 박 일병은 그걸 다 했다. 다섯 시간 남짓 주어지는 취침시간엔 선임이 떠넘긴 경계근무를 서러 철책으로 나갔고, 쉬는 시간엔 선임들의 빨래를 했다. 틈이 나면 선임들이 찾아와 때리고 괴롭혔다. 차마 입에 담기조차 어려운 가까운 이들에 대한 모욕적 언사와 성희롱도 견뎌야 했다. 후임의 증언에 따르면 박 일병은 세상을 떠나기 며칠 전, 이런 말을 남겼다.

"전쟁터가 따로 있는 게 아니다. 맨날 북한 쪽 봐야 뭐하나. 뒤를 돌아 여길 보면 진짜 전쟁터가 있는데."

아군과의 전쟁이 한창일 무렵, 선임 하나가 초소까지 쫓아와 폭언과 협박을 하고 간 뒤로 박 일병은 생사를 가르는 방아쇠를 당겼다.

○

유가족의 연락을 받은 건 가해자들에 대한 1심 판결이 내려진 뒤의 일이다. 유가족은 1심을 맡은 보통군사법원이 가해자들을 모두 집행유예로 풀어줬다며 너무 억울하다는 말을 전했다. 그때만 해도 군사법원이 어떤 곳인지 잘 몰랐다. 문제가 많은 제도고 솜방망이 처벌이 횡행한다는 말은 익히 들었지만 실상을 겪어본 적은 없었다. 일단 유가족에게 부탁해 판결문을 받았다. 그리고 눈을 의심했다.

판결문 어디에도 박 일병이 사망했다는 사실이 적혀 있지 않았다. 이 판결문에서 박 일병의 죽음을 유추해볼 수 있는 유일한 대목은 판결문 말미에 적힌 '피해자의 유족'이란 표현 하나였다. 그마저도 판결문상의 피해자가 여럿이라 누가 죽은 것인지 알 수 없었다. 사건관계를 모르는 사람이 판결문만 봤다면 단순 폭행, 모욕 사건쯤으로 알았을 것이다.

군판사는 집행유예를 선고한 이유를 다음과 같이 적었다.

"피고인은 범죄사실과 같은 행위를 자행하여 군의 기강을 무너뜨렸고, 피해자의 유족들과 합의하지 아니하였기에 엄히 처벌함이 마땅하나, 전과가 없고, 징계처분을 받은 전력도 없는 점, 수백 장의 반성문을 자필로 작성하여 제출한 점, 수사 단계에서부터 자신의 범행을 모두 인정하고 있는 점, 구속기간이 짧지 않다는 점, 기타 연령, 성행(性行), 가정환경 등 변론에 나타난 모든 정상을 고려하여 형의 집행을 유예한다."

단순 폭행사건이었다면 이렇게 판단할 수도 있다고 본다. 하지만 때리고 괴롭힌 것과, 그로 인해 죽게 만든 건 엄연히 다른 일이다. 법의 판단도 달라져야 한다. 그러나 기막히게도 군사법원은 사건과 사망의 인과관계를 외면했다. 그렇게 집행유예를 받은 가해자의 부모들은 박 일병 어머니에게 "맞고 죽은 건 아니라는 위로라도 받으셨으면 한다"라는 뻔뻔한 말을 했다.

○

군인권센터는 박 일병의 심리 부검을 의뢰했다. 구타·가혹행위와 사망의 인과관계를 입증하기 위해서였다. 심리 부검 결과 보고서에는 부대 내부에서 겪은 스트레스와 자살 사이에 명확한 정신의학적 인과관계가 성립할 수 있다고 쓰여 있었다. 이를 2심 고등군사법원에 제출하자 가해자 부모들의 태도가 바뀌었다. 박 일병 부모님을 막무가내로 찾아와 한 번만 용서해달라고 빌었다. 부모의 마음이 그런 것일까. 오랜 고민 끝에 박 일병 부모님은 군사법원에 처벌불원의 뜻을 전했다. 피해자 측의 처벌불원으로 2심 판결 역시 집행유예로 결론 지어졌지만 판결문상 피해자의 죽음과 구타·가혹행위 간의 상관관계가 인정되었다는 변화가 있었다.

만약 유가족이 군인권센터로 전화하지 않았다면 이 사건은 그냥 단순한 폭행사건 정도로 끝나고 말았을 것이다. 의문이 들었다. 심리 부검은 수사를 맡은 군검사가 의뢰했어야 마땅한 일이었고, 필요하다면 군판사가 사망과 사건의 인과관계 규명을 위해 요구할 수도 있었다. 다만 그들이 그렇게 하지 않았을 뿐이다. 군사법원과 군검찰은 피해자가 왜 죽었는지 전혀 궁금하지 않았던 것일까?

이후로 해를 거듭해 여러 사건을 접하면서 이것이 특이한 일이 아니란 걸 알게 되었다. 군에서는 똑같은 상황이 반복적으로 발생하고 있었다. 2013년 육군 15사단에서 벌어진 여군 대위 성추행 사망사건에서도, 1심 보통군사법원은 성추행 가해자에게 집행유예를 선고했다. 마찬가지로 판결문에는 피해자의 사망과 성추행 간 인과관계가 빠져 있었다. 죽은 사람은 있는데 죽게 만든 사람은 없는 이상한 사건들. 세상에 알려지지 않은 숱한 죽음이 이렇게 얼렁뚱땅 지워졌다. 상식으론 이해할 수 없는 일들이, 철책 속에서 법의 탈을 쓰고 널뛰기를 하고 있었다.

○

상식을 넘어서는 세상을 돌아가게 하는 손발은 소위 '군사법체계'라 불리는 군사법원, 군검찰, 군사경찰(헌병)이다. 입법·사법·행정이 분리되어 삼권분립을 이룬 일반 사회와 달리 군대에서는 지휘관이 법원·검찰·경찰을 모두 아울러 통솔한다. 판사도, 검사도, 경찰도 다 장군님의 부하다. 기본적으로 공정한 재판과 수사를 기대하기 어려운 구조다. 심지어 지휘관은 법관이 아닌 일반 군인을 '심판관'이란 이름의 재판장으로 임명할 수 있었고, 판결상 형량을 감경할 수 있는 '관할관 확인조치권'도 갖고 있었다. (관할관 확인조치권, 심판관 제도는 2021년 8월, 국회의 군사법원법 개정으로 폐지되었다.)

군사법체계를 개혁하자는 주장은 군사정권이 종식된 1990년대에 본격적으로 대두했다. 그러니까 30년이나 묵은 논의인 셈이다. 그런데 30년 전이나 지금이나 논의의 핵심은 달라지지 않았다. 바꿔 말하면 30년이 지나도 바뀐 것이 별로 없다는 얘기다. 주로 사망사건이 터질 때마다 군사법체계가 여론의 도마에 올랐는데, 장성들의 극심한 반대 속에 매번의 고비마다 뒷걸음질치고 주저앉았다. 때때로 군 수뇌부가 북한보다 싫어하는 적은 군사법원을 없애자는 사람들일지도 모른다는 생각이 들었다. 그만큼 군은 총력을 다해 군사법체계를 지켜왔다. 지휘권 보장과 기강 확립을 위해 지휘관이 사법권과 수사권을 쥐고 있어야 한다는 이상한 말을 앵무새처럼 반복하면서.

군사법체계가 지휘권과 기강 확립에 필요한 장치라는 군의 주장은 억지에 가깝다. 지휘권은 법령에 따라 지휘관에게 부여된 권한이다. 「군형법」만 살펴봐도 지휘권 보장을 위한 법률이 상세히 나열되어 있는 편이다. 상관 면전 모욕, 상관 공연 모욕, 상관 명예훼손, 상관 폭행, 협박, 상해 및 살해, 항명, 제지 불복종, 명령 위반, 명령 거짓 전달, 출병 거부, 근무 기피 목적 사술 등이 그러하다. 지휘권 확립은 이러한 법률의 적용이 '공정한 수사와 재판'을 통해 이루어질 때 가능한 것일 뿐, 지휘관이 법원을 직접 지휘·감독하며 결정에 관여하는 일과는 무관하다. 군 기강 확보 문제 역시 마찬가지다. 법치국가인 대한민국에서 군의 기강을 해치는 일은 법령에 따라 규정된다. 법을 위반하면 그에 합당한 처벌을 받으면 된다. 따라서 군기 확립은 기강을 무너뜨리는 행동들을 처벌할 수 있는 법률을 잘 갖추어둠으로써 이룰 수 있는 목표인 것이지, 군인만을 관할하는 군사법체계의 유무와는 유의한 관계가 없다.

일각에서는 군사법원이 폐지되거나 평시(平時, 전쟁이

아닌 시기) 군사법원을 운영하지 않을 경우 특수성을 띤 군사범죄에 대처하기 어렵다는 주장도 제기된다. 이러한 주장은 실제 군사법원에 매년 접수되는 사건의 수를 분석해 타당성을 따져보아야 한다. 군사법원 1심 법원이 다루는 연간 접수 사건은 2019년 기준 총 2,839건이고, 군사범죄(수사·재판에 군사적 지식이 요구되는 특수한 군형법 범죄)는

연도	죄명	합계		피고 신분				
		사건 수	비율(%)	장교	준·부사관	병사	군무원	민간인
2019	합계	2,839	100.0	343	814	1,610	63	9
	군사범죄	228	8.1	30	56	133	2	7
	형법주요범죄	379	13.3	37	71	264	7	0
	성범죄	415	14.6	49	108	252	5	1
	폭력범죄	447	15.7	21	77	344	5	0
	교통범죄	709	25.0	139	386	151	33	0
	기타범죄	661	25.3	67	116	466	11	1
2018	합계	2,780	100.0	329	867	1,482	92	10
	군사범죄	221	7.9	16	54	144	0	7
	형법주요범죄	431	15.5	41	94	283	13	0
	성범죄	413	14.9	44	93	260	15	1
	폭력범죄	432	15.5	29	91	305	7	0
	교통범죄	829	29.8	149	427	206	46	1
	기타범죄	454	16.3	50	108	284	11	1
2017	합계	3,005	100.0	328	1,014	1,571	81	11
	군사범죄	245	8.2	24	57	153	4	7
	형법주요범죄	432	14.4	34	114	272	11	1
	성범죄	435	14.5	49	90	287	7	2
	폭력범죄	485	16.1	16	114	349	5	1
	교통범죄	980	32.6	165	546	219	50	0
	기타범죄	428	14.2	40	93	291	4	0

군사법원 관할 범죄 통계 [자료: 『국방부 군사법원 연감』(2017-2019), 재구성.]

이 중 약 8% 정도다. 92%는 형법주요범죄, 성범죄, 폭력범죄, 교통범죄 등 비군사범죄다. 종래에 제기되어온 바와 같이 군사범죄로 인하여 평시에도 군사법원 조직을 유지해야 한다는 주장은 설득력이 떨어진다. 군검찰, 군사경찰 등 수사기관도 마찬가지다.

○

2021년, 공군에서 성추행 피해 여군이 군 수사기관의 부실수사와 방치 속에 사망한 '공군 이 중사 사망사건'이 발생하면서 군사법원법 개정 논의가 다시 활발하게 이루어졌다. 2014년 윤 일병 사망사건 이후로 7년 만의 일이었다. 2021년 7월, 한국국방연구원(KIDA)이 케이스탯리서치를 통해 일반국민 1,000명(7.19.~7.22.)과 장병 2,992명(7.26.~8.5.)을 대상으로 한 설문조사에 따르면 일반 국민의 80%, 장병의 70% 이상이 평시 군사법원 및 군 수사기관 폐지 또는 비군사범죄의 민간 이관을 희망한다고 응답했다. 군에서 기득권을 쥔 장군들도 40%나 그렇게 응답했다. 군사법체계에 대한 국민의 불신이 얼마나 큰지 보여주는 결과다.

그러나 2021년 8월, 국회는 반쪽짜리 개혁으로 군사법원법 개정을 마쳤다. 국민의 여망과는 달리 국방부가 내놓은 타협안을 따른 것이다. 타협안은 2심 군사법원을 폐지하되 군 수사기관과 1심 군사법원은 그대로 유지하는 안이었다. 다만 성범죄, 피해자가 사망한 범죄, 피의자가 입대 전에 저지른 범죄에 대한 수사·기소·재판은 민간으로 이관하게끔 예외를 두었다.

국방부차관이 2021년 8월 23일 국회 법제사법위원회(이하 '법사위') 법안심사제1소위원회에 출석해 발언한 바에 따르면 법 개정으로 민간에 이관될 범죄는 전체 사건의 30% 정도로 추산된다. 군사범죄를 제외한 95%의 사건을 민간으로 이관하는 '비군사범죄 민간 이관'이 유력하게 검토되었던 것에 비하면 매우 후퇴한 개혁이 되어버린 셈이다. 당초 국회 법사위 법안심사제1소위원회 위원들은 8월 23일 군사법원법 개정안만 집중 토론하기로 했다. 회의 전부터 이날 회의에서 더불어민주당이 '비군사범죄 민간 이관안'(김진표 의원안)으로 논의를 정리하려 한다는 소문이 국회 안팎을 오가고 있었다.

국방부에도 비상이 걸렸던 것으로 보인다. 국방부장관은 8월 22일에 부랴부랴 각 군 참모총장을 소환하여 관련 회의를 열었다. 작전 상황이 발생한 것도 아닌데 휴일인 일요일에 장관이 긴급회의까지 소집하다니, 군사법체계 개혁이 국방부에 얼마나 민감한 이슈였는지 잘 보여주는 대목이다. 실제 8월 23일 자 국회 회의록을 보면, 여러 의원이 비군사범죄를 민간으로 모두 이관하는 데 공감함을 알 수 있다. 법원행정처와 법무부, 국회에서 그렇게 바꾸면 따르겠다는 입장이었다. 오후 4시 30분에 시작된 회의는 중간에 저녁식사 시간으로 잠시 휴회했다가 8시 10분에 재개된다. 이때 국방부차관이 비군사범죄 민간 이관에 우려를 표하면서 성범죄, 피해자가 사망한 범죄, 군인이 입대하기 전에 저지른 범죄만 민간으로 이관하자는 타협안을 제시한다. 전날 장관이 참모총장들과 논의한 결과다.

이후 한 시간가량 이어진 회의에서 여러 의원이 국방부가 가져온 타협안에 비판적 태도를 보였고, 국방부는 이렇게까지 군사법체계를 유지해야 하는 이유에 대해 변변한 설명조차 하지 못했다. 차관은 비군사범죄를 민간으로 이관할 수 없는 이유로 군에서 다루는 사건에 음주운전이 많다는 주장을 펼쳤다. 영내에서도 음주운전을 하는 사람들이 있는데, 비군사범죄 수사권이 민간으로 이관되면 음주운전 단속을 민간경찰이 영내에 들어와서 해야 하는 문제가 생긴다는 괴상한 주장이었다. 군사경찰을 아예 폐지하는 것도 아닌 마당에 음주단속이야 군이 자체적으로 하면 될 일이다. 음주단속 때문에 군이 자체적인 수사권을 유지해야 한다니 궤변에 가까운 주장이 아닐 수 없다. 군 스스로 독자적 사법체계를 유지할 까닭이 없음을 잘 보여준 셈이다.

회의는 밤늦도록 이어졌고 9시 10분 잠시 정회된다. 그런데 한 시간 반이 지난 10시 30분에 재개된 회의에서 의원들은 갑자기 국방부가 제시한 타협안으로 진행하기로 했다는 말만 남기고 서둘러 회의를 마친다. 법안은 법사위를 넘어 본회의에 상정되었고, 반대토론에도 불구하고 가결되었다. 국민의 80%가 군사법체계 개혁을 주문하고 있는 와중에, 국회는 국방부가 허락한 범위에서 개혁의 고삐를 놓아버렸다.

개정 이후 국방부는 대단한 개혁이라도 된 것처럼 홍보했으나 개정 법률에는 독소조항은 물론 향후 예상되는 우려점도 많다. 대표적 예로 성범죄와 사망사건의 경우에도 국방부장관은 '국가안전보장, 군사기밀보호, 기타 이에 준하는 사정'이라는 모호한 판단기준을 근거로 군 수사기관, 군사법원으로 관할을 변경할 권한을 갖는다. 장관이 마음만 먹으면 언제든 군 안에서 사건을 처리할 수 있는 것이다. 피해자가 희망하면 대법원에 장관의 결정을 취소해달라는 신청을 할 수 있게 되어 있으나 계급사회인 군대에서 군인인 피해자가 장관의 결정에 정면으로 맞서 쟁송(爭訟)을 벌이기란 쉽지 않다. 이런 예외 조항을 넣은 국방부의 속내는 국회 회의록에서 확인할 수 있다. 차관은 8월 23일 회의에서 “사망사건이 1년에 한 100여 건 되는데 대부분 자살이 많습니다”라며 “그래서 아주 단순한, 명백한 자살인 경우는 우리 군에서 할 수도 있고요. 국가안전보장 이런 경우에는 국방부장관이 할 수 있다는 유보조항을 좀 달아서, 매우 명백한 자살이나 사고에 의한 사망사고, 교통사고나 이런 거에 의한 것은 군에서 수사를 하고…….”라 말했다.

국방부가 판단하기에 별다른 문제가 없어 보이는 죽음은 국가안전보장을 명목으로 그냥 군에서 수사하겠다는 얘기다. ‘단순하고 명백한 자살’이 무엇을 의미하는지도 명확하지 않지만, 수사도 해보지 않았는데 무슨 수로 사망의 원인을 예단하여 수사 관할을 정한단 말인가. 이런 식이라면 장차 숱한 피해자와 유가족이 수사를 민간에서 할지 군에서 할지 다투며 진을 빼는 모습을 목도하게 될 것이 자명하다.

엄밀하게 말하면 군사법원법 개정 과정은 군 수뇌부의 기득권 지키기 투쟁이요, 군법무관들의 밥그릇 투쟁이었다. 전자는 ‘지휘권 보장’ 논리로, 후자는 ‘전시 군사법체계를 운영하려면 평시에 조직체계가 갖춰져 있어야 한다’라는 논리로 치환되었다. 그 밖엔 국방부가 내민 논거가 없다. 그러나 무슨 수를 써서라도 수사·기소·재판의 기득권을 내려놓지 않으려던 국방부의 극렬한 저항이 대부분 수용된 상황에서, 결과는 국방부의 판정승이나 다름없게 되었다. 국방부의 사생결단 속에 원칙 없는 이상한 개혁이 누더기 같은 군사법원법을 탄생시켰다.

타협에도 원칙과 방향이란 것이 있다. 정치가 만들어내는 변화가 시민이 바라는 속도보다 더딜 순 있다고 생각한다. 정치를 하다 보면 타협이 불가피하다는 말도 이해할 수 있다. 그러나 이건 아니다. 한 사람 죽으면 이만큼, 또 한 사람 죽으면 이만큼. 그럼 누가 또 죽으면 그때 가서 뭘 또 손볼 생각인가. 2014년 군에서 구타·가혹행위로 세상을 떠난 고 윤승주 일병의 어머니는 누더기가 된 군사법원법 개정 과정을 지켜보며 "또다시 2014년이 되풀이되는 것 같아 절망스럽습니다"라고 말했다. 국회가 후퇴한 만큼 또 누군가의 삶이 벼랑 끝으로 뒷걸음질하게 될까 두려울 뿐이다.

2014년, 2021년, 그리고 이후로도 우리는 또 얼마나 많은 죽음에 빚지고 살아야 하는가.

공관의 감은 누가 따야 할까

'박찬주 대장 부부 갑질 사건'과 공관병 제도 폐지

2017년 7월, 현직 육군 장군에게 '갑질'을 당하고 있다는 온라인 제보를 받았다. 별이 네 개라 했다. 그는 장군 부인의 도를 넘어선 행동이 갈수록 심해지는데 장군까지 한몫 거들고 있어 도저히 견디기 어렵다고 했다. 제보자는 장군과 장군 부인이 공관병과 조리병, 운전병 등 장군 관사의 살림을 거드는 병사들을 못살게 군다며 도와달라고 애기했지만 끝내 자기가 누군지, 장군의 이름이 무엇인지는 말해주지 않았다. 설득하는 댓글을 남겼지만 답하기 곤란하다는 말만 돌아왔다.

그러나 제보 내용은 가관도 아니었다. 이들은 120평에 이르는 공관을 관리하면서 조리, 빨래, 다림질, 텃밭 가꾸기, 옷 관리, 화장실 청소 등의 집안일을 하는데 장군이 새벽기도를 나서는 06시부터 잠드는 22시까지 일을 한다고 했다. 일이 없는 시간에도 대기 상태를 유지하고 있어야 했다. 장군과 장군 부인이 시시때때로 불러 안방 블라인드 치기, 거실 쓰레기 줍기 등을 시키며 시중을 들게 하는데 불렀을 때 빨리 나타나지 않으면 폭언과 욕설을 퍼붓기 때문이라 했다.

폭언의 정도도 엄청났다. 조리병이 미나리를 다듬고 있는 모양새가 마음에 들지 않았는지 갑자기 칼을 빼앗아 도마를 쾅쾅 치며 고함을 치는가 하면, 식자재 준비 상태가 흡족하지 않다거나 반찬이 맛이 없다면서 병사의 부모를 비난하고 악을 쓰기도 했다고 한다. 변덕도 심해 빨래를 하라고 옷을 줘놓고 빨래를 하면 입고 나가야 하는데 왜 빨았냐며 화를 낸다든지, 성경책을 펼쳐놓고 갔기에 가지런히 잘 두었더니 왜 챙겨 나오지 않았냐며 핀잔을 주는 식이었다. 냉장고에서 과일을 골라내다 썩은 과일이 보이면 병사들에게 집어던지기도 했고, 인근 공군 부대에서 현역 병사로 복무 중인 아들의 수발도 들게 했다고 한다.

제보를 정리하고 보니 내용에 들어맞는 장군이 한 명 있었다. 당시 육군에는 4성 장군이 다섯 사람 있었다. 고위

공직자는 본인과 직계가족의 병역의무 이행 상황을 인터넷에 공개하는데 다섯 사람의 정보를 확인해보니 공군에서 현역 병사로 복무 중인 아들이 있는 대장은 한 사람뿐이었다. 하지만 이런 정황만으로 제보를 폭로할 수는 없었다. 상대가 대장인데 제보자 신원과 가해자 이름도 제대로 들어보지 않고 추정만으로 움직일 순 없었기 때문이다.

○

그런데 얼마 지나지 않아 비슷한 제보가 또 들어왔다. 내용상 겹치는 부분이 몇 가지 있어 물어보니 같은 장군으로부터 말미암은 일이라 얘기해줬다. 가해자 장군의 이름도 알려줬다. 육군 제2작전사령관이었던 박찬주 대장이었다. 군인권센터는 다음 날 두 사람의 제보를 종합해 보도를 냈다. 보도 이후 박 대장은 '가족의 허물'이라며 국방부에 전역지원서를 제출했다.

이런 제보가 처음은 아니었다. 군인권센터는 2015년, 당시 공군참모총장이었던 최 모 대장이 운전병으로 하여금 관용차로 아들을 클럽에 데려다주게끔 했다는 사실을 폭로한 바 있고, 2017년에도 평소 갑질을 일삼던 육군 모 사단장이 술에 취해 이유 없이 공관병의 뺨을 때렸다가 징역형을 선고받은 사건을 지원한 적도 있었다.

그렇지만 이후의 일을 돌아보면 그간의 제보는 장난 수준이었다. 본격적인 제보는 보도가 나간 뒤로 시작됐다. 각기 다른 시점에 박 대장 부부의 수발을 들었던 전역 공관병들이 하나둘씩 신상을 밝히고 제보를 한 것이다. 예상하지 못한 일이었다. 갑질은 박 대장이 7군단장을 맡았던 시절부터 이어졌다. 공관병들이 선·후임 관계로 엮여 있던 터라 교차확인도 가능했다. 모두 박 대장 부부의 행태에 혀를 내두르며 진실을 밝히는 데 일조하고 싶다고 이야기했다.

박 대장 부부가 공관병의 손목에 호출용 팔찌를 채워 수시로 호출한 일, 호출에 빨리 응하지 않았다며 공관 1, 2층을 반복하여 오르내리게 한 일, 부대에 있는 모과를 다 따서 하루 안에 손질해 모과청으로 만들게 한 일, 감을 따서 곶감을 만들게 한 일, 새벽부터 일어나 공관 텃밭에서 박 대장이 먹을 그날의 식자재를 수확하게 한 일, 부인의 말을 잘 듣지 않는다며 박 대장이 공관병들을 GOP에 유배 보낸 일, 박 대장이 골프 연습 할 때 대기하다 골프공을 줍게 한 일 등 제보자들의 이야기는 끝도 없이 이어지는 한 편의 막장드라마였다. 공관병들이 박 대장 부부에게 당한 것은 갑질만이 아니었고 각각 폭행, 협박, 폭언을 당한 일도 부지기수였다. 나날이 제보자가 나타나고 폭로가 이어지는 가운데 결국 박 대장은 구속되었다.

○

군검찰은 박 대장으로부터 피해를 본 공관병 등 11명의 병사를 참고인으로 소환해 조사했다. 공관 관리병 두 명, 공관 조리병 여섯 명, 관용차 운전병 한 명, 공관 운전병 두 명이었다.

그런데 조사를 마친 군검찰은 무혐의 처분을 내릴 예정이라고 언론에 공표했다. 현행법상 갑질 행위는 불법행위에 해당하지 않는다는 것이 이유였다. 그러더니 며칠 뒤에는 무슨 영문인지 담당 군검사를 교체하고 재수사에 착수했다. 피해자들은 또다시 군검찰에 불려가 똑같은 내용을 처음부터 다시 진술했다. 그렇게 사건이 지지부진한 동안 박 대장은 전역 처리로 민간인이 되었다. 사건은 민간 검찰로 넘어갔다. 피해자들은 또 민간 검찰에 불려가 조사를 받았다. 그러고는 2년 가까이 아무런 처분도 없었다. 그사이 박 대장은 언론에 나타나 이 모든 것이 하나님이 주신 시련이라며 공관병들의 무고죄를 운운했고, 피해자들은 지쳤다.

그리고 2019년 5월, 검찰은 박 대장을 무혐의 처분하고 그의 부인만 폭행·감금 혐의로 기소했다. 부부가 저지른 갑질 혐의에 대한 진술을 복수의 피해자로부터 받았지만 직권남용죄를 적용할 수 없다는 것이 무혐의 처분의 취지였다. 검찰은 직권남용은 직무수행 과정에서 이뤄지는 것인데 공관에서 벌어진 갑질은 장군 박찬주가 아닌 사인(私人) 박찬주에 의한 것으로 직권남용이 아니라는 해괴한 논리를 세웠다. 박 대장 부부가 공관병에게 한 지시들은 장군과 병사 사이의 직무 관계에 의한 것이 아니고, 개인 간의 사적 지시에 불과했다는 것이다. 그렇게 공관병들이 용기 있게 풀어낸 증언들은 법원의 판단도 받아보지 못한 채 묻혀버렸다.

불기소이유서에 따르면 박 대장 부부가 벌인 갑질 행위 대부분은 복수의 진술로 확인된다. 박 대장의 공관병 폭행 혐의도 피해자가 합의를 해준 덕분에 기소가 되지 않은 것이었다. 그러나 박 대장은 본인이 무혐의 처분을 받았다는 점만 언론에 부각하며 마치 애초부터 갑질 같은 건 없었다는 식의 언론 플레이를 벌였다. 순식간에 피해자 공관병들은 거짓말쟁이가 되었고, 박 대장은 모함을 받은 정치적 희생양, 이 시대의 참군인으로 행세했다.

더 기가 막힌 사실은 박 대장 부인 재판 과정에서 나왔다. 그나마 기소한 건들에 대해서도 군검찰과 검찰이 수사를 허술하게 해놓았던 것이다. 이는 박 대장 부인이 2020년 1월, 1심에서 무죄판결을 받은 주요한 원인이 되었다. 피해자 조사의 기본은 피해가 발생한 시기와 장소 등을 육하원칙에 맞추어 배열하고 이를 입증할 증거를 확보하는 데 있다. 그런데 군검찰과 검찰은 여러 차례 피해자들을 조사하면서 이러한 기본조차 갖추지 않았다. 박 대장 부인이 저지른 범죄의 시기조차 제대로 특정하지 못한 것이다.

한 예로, 박 대장 부인이 공관의 다육이가 다 냉해를 입었다며 공관병을 발코니에 감금한 혐의에 대해 해당 공관병은 군검찰 조사 때 정확한 피해 시점을 기억하지 못했다. 다만 다육 식물이 냉해를 입어 감금된 것이니 2015년 가을경일 것이라 진술했다. 그런데 박 대장 부인은 2015년 가을에는 해당 공관병이 공관에서 근무하지 않았다고 반박하며 감금은 없었다고 주장했다.

그런데 재판 말미에 인사이동으로 새로 부임한 담당 검사가 수사를 보강하고자 기록을 뒤지던 중 감금 시기를 특정해줄 수 있는 증인을 찾아냈다. 피해 공관병의 후임 공관병이었던 증인은 법정에 출석하여 피해자가 2015년 봄에 감금되었었다고 이야기했던 것이 기억난다며 박 대장 부인이 감금 사실을 부인하며 제시한 몇 가지 증거가 사실이 아닌 이유를 조목조목 밝혔다. 하지만 피해자의 원 진술에 오류가 있는 상황에서 증언만으로 유죄를 입증하기란 쉽지 않았고, 결국 박 대장 부인은 감금 혐의에 대해 2020년 증거불충분으로 1심 무죄판결을 받았다가, 2022년 항소심에서 유죄 판결을 받았다.

이를 통해 확인할 수 있는 것은 두 가지다. 수사를 맡았던 군검사와 검사는 피해 공관병이 언제 공관병으로 근무했는지도 체크해보지 않고 수사를 마무리 지었고, 다른 공관병들을 다 조사해놓고는 각각의 진술을 제대로 살펴보지 않았다는 사실이다. 허술한 수사로 인해 유죄 입증의 증거를 다 갖춰놓고도 어이없이 무죄판결이라는 결과를 만든 것이다.

○

그뿐이 아니다. 박 대장 부인은 감금 외에도 폭행 다섯 건으로 기소되어 있었다. 문제는 박 대장의 지인이라는 사람이 공관병들에게 연락해 부인의 폭행 혐의에 대한 합의를 요구했다는 것이다. 군인권센터가 그 사실을 알게 되었을 땐 이미 합의를 해준 공관병도 있었다. 심지어 박 대장 지인이 회사 앞까지 찾아와 기다린 경우도 있었다고 했다. 폭행은 반의사불벌죄이기 때문에 피해자가 합의해주면 법원은 벌을 줄 수 없고 검찰의 공소는 기각된다. 고발은 군인권센터가 했으나 합의는 피해자의 재량이니 합의 여부에 대해 이렇게 하라, 저렇게 하라 할 수는 없는 일이었다. 다만 박 대장 또는 그 부인으로부터 사과는 받았는지만 물었다.

사과는 없었다. 찾아온 사람도 합의 요청이 박 대장의 뜻은 아니고 주변 지인으로서 마음이 딱해 왔을 뿐이란 이상한 이야기를 했다고 한다. 가해자도 아니고 가해자 변호인도 아닌 사람이 대뜸 찾아와 합의서 작성과 신분증 사본을 요구하며 가해자의 뜻은 아니라고 하다니, 생경한 이야기가 아닐 수 없다. 박 대장 부부와 아무런 교감 없이 지인이 알아서 찾아와 합의를 본다는 것은 우스운 소리이고, 사실은 진심으로 사과할 생각은 없지만 폭행죄로 처벌은 받고 싶지 않으니 얕은 수를 쓰는 게 아닌가 싶었다.

그러나 피해자들은 너무 지쳐 있었다. 2017년 사건 폭로 이후 검찰 조사만 같은 내용으로 세 번, 이후로 2년이나 소식이 없다가 재판이 시작되자 법원에서 증인출석 요구가 계속되던 차였다. 공관병들은 대부분 직장이나 학교에 다니고 있어 이러한 상황이 부담스러웠고, 박 대장 쪽 사람이 자꾸 연락해 합의를 요구하는 일도 스트레스였다고 한다. 결국 공관병들은 합의에 응했다. 폭행은 모두 무죄가 되었고, 박 대장 부부는 끝까지 사과하지 않았다. 이후 21대 총선 예비후보로 나선 박 대장은 부인에 대한 1심 무죄선고를 '사필귀정'이라 힘주어 말했다.

○

박찬주 대장 갑질 사건을 계기로 공관에 병사를 두고 집안일을 시키던 '공관병 제도'는 폐지되었다. 경찰도 경찰서장 관사의 당번의경과 관용차 운전의경을 없앴다. 국방의 의무를 이행하러 간 젊은이들을 노비 쓰듯 부리던 전근대적 제도가 사라진 일은 값진 성과다. (윤석열 정부 출범 후 공관병 제도 일부 부활이 검토되고 있다는 점은 우려스러운 일이다.)

그러나 법은 피해자의 편이 아니었다. 요란했던 시간이 지나고, 남은 것은 대한민국 군대에서는 상급자가 하급자에게 갑질을 해도 처벌하기 어렵다는 이상한 결론뿐이다. 몇 년이 지나도록 피해자의 편이 되어줄 새로운 법도 마련되지 않았다. 20대 국회에서는 박 대장과 관련한 법률이 다섯 개나 발의되었지만 모두 임기 만료로 폐기되었다. 특히 이철희 의원이 발의한 '상관의 갑질 근절을 위한 군형법 개정안'은 이미 형법에 직권남용죄가 규정되어 있다는 이유로 제대로 토의도 되지 않고 유야무야되었다. 검찰은 직권남용죄를 갑질에 적용할 수 없다고 해석하고, 입법기관은 직권남용죄가 있어 갑질 근절법을 따로 만들 필요가 없다고 한다. 황당한 논리의 틈바구니에서 사랑하는 가족과 친구를 군대에 보낸 국민만 분노하고, 피해자들은 한숨 쉴 뿐이다.

박 대장 부인의 재판에 증인으로 출석했던 공관병은 검사가 "군생활 중에 피고로부터 갑질을 당한 적 있느냐?"라는 질문에 이런 답을 남겼다.

"군생활이 좋지 않은 기억으로 남아 있다."

피해자 중 한 사람은 박 대장 부인이 1심 무죄선고를 받았다는 기사를 보고 이런 이야기를 했다.

"무죄 나온 건 진짜 이해가 안 되네요. 여러모로 안타깝습니다."

인권에 무감한 법 앞에서 갑질 피해는 '이해할 순 없지만 어쩔 수 없는, 그저 좋지 않은 기억'쯤으로 남게 되고 말았다. 기자회견을 열고 사필귀정을 운운하며 "공관의 감을 공관병이 따야지 누가 따느냐"라고 일갈하는 박찬주 대장을 보며 지나간 군생활을 되짚어보았을 많은 이들의 마음이 어땠을지 그저 착잡할 뿐이다.

계급은 어떻게 '깡패'가 되었나

국방부 청사에서 사라진 '고급간부식당'

2020년 6월, 공군 모 부대에서 '황제 병사'로 불리며 간부에게 물심부름, 빨래심부름을 시키고 장시간의 특별 외출을 허락받는 등 특혜를 입었다는 신용평가사 임원의 아들 사례가 대대적으로 보도된 적이 있다. 그 후 2021년 12월에 나온 1심 재판 결과, 병사의 아버지와 병사가 소속된 부서의 부서장 간 뇌물공여 혐의 등이 인정되어 두 사람 모두 유죄를 선고받았다.

같은 달, 육군 모 공병여단에서는 여단장이 병사를 훈계한다는 명목으로 폭언을 퍼붓다 공론화를 당하는 일이 있었다. 인격모독을 늘어놓던 여단장은 급기야 병사에게 아버지 직업을 물었다. 병사는 아버지가 천막 관련 사업을 한다고 답했다. 그러자 여단장은 병사에게 네 아버지 밑에서 일하는 애가 아버지에게 말대답을 하면 어떻게 할 거냐고 물었고, 이내 "에미 애비 없다는 소리 나오지 않겠냐?"라는 말을 덧붙였다.

나는 그렇게 얼굴 한 번 본 적 없는 두 병사의 아버지 직업을 알게 되었다. 한 사람의 아버지는 천막 사업을 했고, 다른 한 사람의 아버지는 신용평가사의 임원이었다. 나는 두 병사의 이름과 사는 곳을 알지 못하고, 그들이 어떻게 살아왔는지도 모르며, 말 한마디 섞어본 바 없지만, 아버지가 무엇 하는 사람인지는 알게 되었다. 괴이한 일이었다.

두 사건 모두 국민적 공분을 자아냈다. 사람들의 분노는 상황을 뒤집는 질문에서 시작된다.

'여단장실에서 혼난 병사가 아팠다면 황제 병사처럼 후한 대접을 받을 수 있었을까?'

'황제 병사가 잘못을 저질렀어도 여단장실에 끌려가 모욕을 당했을까?'

○

세상에는 남의 부모님 직업을 궁금해하는 사람이 많다.

군대도 그렇다. 2016년 여름, 군인권센터로 한 통의 전화가 왔다. 육군의 한 신병교육대에서 훈련을 마치고 퇴소한 병사였다. 그는 훈련소 입소 첫날 이상한 질문을 받았다는 제보를 했다. 훈련병들을 한데 모아놓고 신상명세서를 적게 했는데, 그 자리에 조교가 나타나 이렇게 말했다고 한다.

"훈련병들 중에 아버지가 영관급, 5급 공무원 이상, 언론 또는 대기업 임원으로 있는 병사들은 다 적습니다."

대관절 부모의 직업과 훈련이 무슨 상관이 있길래 이런 걸 적게 한 것일까. 조교의 부적절한 질문이 언론을 통해 알려졌고, 얼마 지나지 않아 국방부는 훈련소에서 공개적으로 장병 부모의 직업을 확인하지 말라는 지침을 내렸다. 그래도 비슷한 제보는 끊이지 않았다.

사실 이런 식으로 대놓고 소위 'VIP' 자제를 찾지 않더라도 간부들은 병사들의 생활지도기록부만 열어보면 부모의 직업을 알 수 있다. 기록부에 부모 직업을 쓰는 칸이 있기 때문이다. 다 큰 성인이 군대에 왔는데도 부모 직업을 묻는 까닭을 국방부는 "장병의 부대 적응을 돕기 위해 파악하는 것"이라 말한다.

선뜻 이해가 가지 않는 해명이다. 대체 부대 적응과 부모 직업 간의 상관관계는 무엇일까. 그 답은 다른 곳에서 찾을 수 있었다. 지금은 '도움·배려병사'로 이름이 바뀌었고 선정 기준도 달라졌지만, 2015년까지만 해도 군에는 '관심병사' 제도가 있었다. 부대 적응에 어려움을 느끼고 있거나 그러한 가능성이 있어 관심을 가지고 지켜봐야 하는 병사를 별도 관리하는 제도다. 당시 군은 몇 가지 기준을 세워놓고 관심병사를 A, B, C급으로 분류했다.

이 중 B급 관심병사의 선정 기준에 '결손가정'이 있었다. 한부모가정이거나 조손가정에서 자란 병사가 여기에 해당한다. 아버지-어머니-자녀로 구성된 가정에서 자라지 못한 아이들은 부대 생활에 잘 적응하지 못할 가능성이 있다고 판단했던 것이다. 근거 없는 편견이다. 관심병사가 되면 주기적으로 간부의 관찰을 받으며 면담을 해야 한다. 결손가정이란 이유로 관심병사가 된 병사와 간부는 면담하면서 무슨 이야기를 나눠야 할까. 지나간 가정사라도 되짚어야 하는 것인가?

다행히 이 기준은 2014년 국회 국정감사에서 지적당한 뒤 2015년 관심병사 제도가 도움·배려병사 제도로 개편되면서 함께 사라졌다. 하지만 부대 적응을 돕는다는 미명하에 부모 직업을 묻고 가족의 형태를 따져온 인식의 기저에는, 직업의 귀천을 따지며 경제력과 존재의 정상성으로 사실상의 사회적 신분을 규정하는 한국 사회의 모순이 고스란히 담겨 있다. 약간 다른 점이 있다면 그래도 사회에서는 이렇게 대놓고 “네 신분은 무엇이냐?”라고 묻지 않는다는 점, 그뿐이다. 우리 군은 신분에 따른 차별적 대우가 별로 이상한 일이라고 생각하지 않는 듯하다. 계급과 신분을 혼동하는 왜곡된 계급의식이 오랜 시간 이어져온 탓이다.

○

일반적으로 사단급 이상의 군부대는 장병 복지시설을 여럿 갖추고 있다. 식당, 목욕탕, 이발소, 헬스장, 풋살장 정도는 기본이고 드물게 수영장을 가진 부대도 있다. 부대를 멀리 벗어나기 어려운 직업군인들과 부대 밖으로 나갈 수 없는 병사들이 여가시간을 잘 보낼 수 있게끔 군부대 복지시설을 다양화하고 늘리는 건 바람직한 일이다.

내가 군생활을 한 부대에는 장교식당, 부사관식당, 병사식당이 각 건물에 따로 있었다. 메뉴도 다르고 운영 주체도 다르며 이용자도 다르다. 장교식당에서는 취식자에게 돈을 받지만, 취사병과 부대에서 고용한 조리원의 인건비는 국방부 예산에 따로 편성되어 있기 때문에 식자재 원가 정도의 돈만 내면 그럭저럭 모양새를 갖춘 식사를 할 수 있었다. 부사관식당은 민영 업체가 입점해 있던 터라 가격이 좀 더 비쌌다. 병사들은 예산으로 식비가 책정되어 있으니 당연히 돈을 내지 않는다.

내가 복무한 곳은 장교들이 밥을 먹는 '장교식당'이었다. 처음 근무를 나갔을 때 마주한 풍경은 생소했다. 여느 단체 급식소처럼 생긴 넓은 홀의 끝엔 고급 중국집에서나 볼 법한 둥그렇게 돌아가는 테이블이 세 개 있었다. 거기는 장성급 부대 지휘관과 그의 대령급 참모들이 둘러앉아 밥을 먹는 지정석이라 했다. '아, 밥 먹는 자리가 다 나뉘어 있구나.' 거기까진 그럴 수 있겠다는 생각을 했다. 지휘관과 고위간부가 같이 밥 먹으면서 나눠야 할 이야기도 있을 테고, 계급 고하에 관계없이 뒤섞여 앉아봐야 서로 불편하기밖에 더하겠는가 싶었다.

그런데 좌석만 따로 구분된 것이 아니었다. 수저도, 컵도, 그릇도 다 달랐다. 수저받침 위에 고급수저가 놓여 있고 뚜껑 있는 유리잔에 물이 담겨 있었으며 그릇은 사기그릇을 썼다. 따뜻한 국을 먹을 수 있도록 테이블마다 휴대용 가스레인지도 구비되어 있었다. 이것도 서비스라면 서비스일까. 플라스틱 식판에 배식받아 밥을 먹는 일반 장교들이 누리는 서비스와는 여러모로 차이가 있었다.

그렇게 이곳저곳 둘러보고 있는데 식당 관리관을 맡은 간부가 나와 내 동기를 사무실로 불렀다. 그는 둘 중 한 명이 서빙을 맡아야 한다는 얘기를 했다. 서빙? 급식소에서 무슨 서빙을 한단 말인가 싶었다. 여하간 서빙은 덩치가 더 컸던 동기가 맡기로 했고, 동기는 웨이터들이 입는 옷을 받아 갈아입었다. 점심시간이 되어 장군과 대령들이 자리에 앉자 동기는 따뜻한 밥과 국, 반찬을 사기그릇에 담아 자리마다 하나씩 차려내는 일을 했다. 그러고는 식사 시간 내내 멀찍이 서서 대기하다가 물도 따라주고 모자란 음식도 채워줬다. '이렇게 훌륭한 서비스를 받았으니 식비를 더 내는 건가?' 그러나 장군도, 일반 장교도 내는 돈은 같았다.

같은 돈을 내는데 누구는 웨이터가 사기그릇에 밥을 담아 나르고, 누구는 퍼다 먹는 일이 영 이상해 보였다. 하지만 그러려니 하고 말았다. '여기는 군대니까'. 아니, 근본적으로 식당을 신분별로 세 개나 따로 차려놓고 있는 것도 이상해 보였다. 식당이 많아지고 시설이 늘어나면 관리하는 인력과 운영비도 함께 늘어나게 된다. 부대마다 취사병의 편제는 한정되어 있는데 이 식당, 저 식당으로 찢어져 제각기 조리를 하니 늘 인력이 모자라고 새벽부터 밤까지 격무에 시달린다는 아우성이 끊이질 않는다. 하지만 이것도 그러려니 하고 말았다. '여기는 군대니까'.

○

전역을 하고 곳곳의 군부대를 돌아다니면서 내가 겪은 일들이 일반적인 부대 상황과는 조금 다르다는 걸 알게 되었다. 여러 개의 식당을 갖춘 부대는 대부분 규모가 큰 부대고, 연대나 대대급 부대에는 간부식당이 따로 없었다. 모두 병사식당 한곳에 모여 밥을 먹었다. 그런데 거기서도 '서비스'에는 차이가 있었다. 물리적 여건상 식당을 구분하진 못해도 지휘관과 참모가 앉는 자리에는 수저받침과 수저, 유리잔을 미리 세팅해 구색을 갖췄다. 별것 아닌 일이지만 간혹 아무것도 세팅되지 않은 부대를 보면 '여기는 지휘관이 깨어 있는 사람인가 보다' 하는 생각을 하곤 했다.

군부대에서 신분과 계급에 따라 사용 자격과 제공받는 복지 서비스의 수준이 나뉘는 곳이 식당만은 아니다. 목욕탕도 대부분 간부 목욕탕과 병사 목욕탕이 나뉘고, 병사 목욕탕은 아예 없는 부대도 많다. 어떤 부대에서는 간부 목욕탕 안에서도 계급 고하에 따라 라커룸의 위치와 사용 가능한 위생용품을 나누어놓는 진풍경도 목도할 수 있다. 이발소, 체력단련장도 사정은 비슷하다.

「군인사법」상 소위 '신분'으로 부르는 군인 계급의 범주는 장교·준사관·부사관·병으로 나뉘고 장교는 다시 장성

(장군)·영관·위관으로 나뉜다. 군에만 있는 특이한 시스템은 아니다. 다른 공무원 직렬에도 계급제가 운영되는 곳이 있고, 꼭 공무원이 아니더라도 사회 전반에서 직급제가 통용된다. 그러나 계급이나 직급이 한 사람의 권리를 구분 짓는 것은 아니다. 계급은 조직의 원활한 운영을 위해 책임·권한·역할에 따라 급을 나누어둔 것일 뿐 봉건시대 신분제도 같은 것이 아니기 때문이다.

불필요한 차이는 차별이다. 차이가 권리의 제한으로 이어질 때 더욱 그렇다. 최근 육·해·공군이 병사 두발 규정 개정을 검토하기 시작했다. 간부와 병사 간에 다르게 적용되던 두발 규정을 통일하겠다는 취지다. 병사들의 기대가 높다. 현행 규정상 간부는 간부표준형(2:8 가르마)과 스포츠형 머리를 선택할 수 있는 반면, 병사들은 스포츠형으로만 머리를 깎아야 한다.

얼핏 보면 병사들이 머리를 기르게 해달라고 생떼를 쓰는 것으로 보일 수 있다. 그러나 병사의 두발과 관련한 상담을 받다 보면 병사들이 두발 자유화를 원하거나 장발, 파마, 염색을 하고 싶어서 두발에 문제 제기를 하는 것이 아님을 알 수 있다. 군인의 임무 수행, 훈련, 집단생활의 특성을 고려할 때 단정한 두발 규정을 두는 게 불가피하다는 것쯤은 그들도 안다. 문제는 똑같은 환경에서 군복무 중인데 왜 간부와 병사가 다른 기준을 적용받아야 하느냐는 불만이다. 계급에 따라 두발 형태에 차이를 두는 것은 차별이라는 것이다. 행색에 대한 불필요한 차이를 법규화하는 것은 전근대 계급사회의 전형이다. 조선시대만 해도 신분별로 쓸 수 있는 갓의 형태와 크기가 달랐다. 천민은 아예 갓을 쓰지 못했다. '병사는 노예 취급'이라는 말이 괜히 나오는 게 아니다.

○

우리 군은 계급과 신분제를 혼동한다. 지휘명령 체계에 따른 명령-복종 관계를 일상으로 확대해서 해석한다. 계급에 따라 누릴 수 있는 권리와 혜택이 달라야 권위가 창출된다는 낡은 사고방식이 아직도 우리 군 곳곳에 깊숙이 뿌리 박혀 있다. 계급이 오를수록 늘어나는 것은 책임이어야 하는데 그보다 먼저 헛된 권위와 의전이 따라온다.

계급뿐인가. 출신이 사관학교인지 학군단인지 학사인지 따져 오를 자리를 미리 정해두는 '골품' 질서 속에 비육사 출신 4성 장군이 탄생하는 일이 21세기에도 뉴스거리가 된다. 육·해·공군사관학교의 수석을 여생도가 하는 세상이지만 소령 이상의 여군을 찾기란 가물에 콩 나는 일보다 쉽지 않다. 군은 이렇게 계급·출신·성별 등의 무게추로 사람의 가치를 달아보는 데 익숙한 조직이다. 그러니 병사라고 다를 것이 있겠는가. 너도나도 국방의 의무를 이행하러 똑같이 군에 왔지만, 입대와 동시에 저울에 달려 부모 직업과 가족형태 같은 사회·경제적 처지에 따라 촘촘하게 짜인 무게추로 인간됨의 무게를 평가받는다.

2018년, 국방부장관이 국방부 청사 10층의 고급간부식당을 폐쇄했다. 그래서 이제 장관도 병사들과 같이 구내식당에서 식판 들고 가서 밥을 먹는다. 그렇다고 군기가 해이해지고 장관의 영이 무너지는 일 같은 건 없었다. 밥 같이 먹고, 똑같은 머리를 하고, 같은 탕에서 목욕한다고 병사들이 간부를 깔보고 항명하지 않는다. 싸우면 이기는 군대는 부자연스러운 신분제도와 불필요한 권위로 만들어지는 것이 아니다. 일상의 귀천이 나뉜 조직이 어떻게 비상한 시기에 마음을 모을 수 있겠는가.

스마트폰 허용, 군대는 왜 안 망했나

병사 휴대폰 사용 허용, 그 뒷이야기

한국에 카메라 기능을 가진 핸드폰이 처음 출시된 건 2000년이다. 기기에 스무 장의 사진을 저장할 수 있었다. 한 장소에서 수십 장의 사진을 찍어 마음에 드는 한 장을 고르는 요즘에 비기면 '폰카'라 부르기도 어려운 수준이지만 그 시절엔 얼마나 대단한 혁신이었겠는가. 핸드폰과 카메라를 따로따로 들고 다녀야 했던 불편이 이렇게 좁혀지기 시작했다.

그로부터 몇 년이 지나 카메라폰이 대중화되면서 군인 간부들도 한둘 카메라가 달린 핸드폰을 쓰기 시작했다. 보통 핸드폰은 늘 들고 다니는 물건인지라 군인들도 급히 촬영이 필요한 상황이 닥치면 얼른 폰카로 찍어 보고할 수 있게 된 것이다. 이처럼 신기술은 업무의 효율성을 높여준다. 그러나 군 지휘부의 판단은 달랐던 듯하다. 그 시절 군복무를 했던 예비역 간부들에게 들어보니 어느 날 지침이 내려왔는데, 핸드폰에 달린 카메라를 다 부수라는 내용이 담겨 있었다고 한다. 그래서 모나미 볼펜으로 콱 찍어 부쉈다고 했다. 보안상의 이유로 부대 내에서 아무나 카메라 촬영을 해선 안 된다는 것이 이유였다. 하지만 얼마 지나지 않아 모든 핸드폰에 카메라가 달려 나오기 시작하면서 이 우악스러운 지침은 금세 생명력을 다했다. 핸드폰은 개인 소지품인데 남의 비싼 재산을 깨부수라는 지침이 계속 유지될 수 없는 것은 당연했다.

군은 대신 부대 내 보안지침을 변화한 현실에 맞게 수정하고 이를 위반하면 징계를 부과했다. 카메라에 보안용 스티커를 붙이게 하는 부대도 있었다. 어찌 되었건 일단의 군인들이 주머니에 카메라를 하나씩 갖고 부대 안을 활보하기 시작한 것이다. 그러나 그네들이 보안규정을 어겨가며 아무데서나 함부로 셀카를 찍고 부대 풍경을 카메라에 담아 유포하진 않았다. 폰카를 타고 군사 기밀이 줄줄 새면 어떻게 하냐는 근심은 모두 기우가 되었고, 세월이 흘러 요즘의 젊은 간부들에게 이런 일화를 소개하면 놀라 웃고 말 뿐이다.

○

군인권센터는 2009년 설립된 이래로 병사들에게 핸드폰을 쥐어주자는 주장을 줄기차게 펼쳐왔다. 병사들에게만 핸드폰 소지를 금지하는 건 사생활과 통신의 자유를 침해할뿐더러 간부와의 형평성 문제를 고려할 때 엄연한 차별이라 보았기 때문이다. 장군 수백 명과 병사 수십만 중 누가 군사기밀을 더 많이 알겠는가? 장군이 압도적으로 많이 알 텐데 장군은 쓰는 핸드폰을 병사는 못 쓰게 하는 것은 상식적으로 납득하기 어려운 일이다. 게다가 핸드폰 사용 금지 조처는 법적 근거도 없다. 군인이란 이유로 민간인과 다른 대우를 받아야 한다면 이는 기본권 제한에 속하여 법률로써만 규정될 수 있다.

그러나 군은 아무런 법적 근거 없이 '병사만' 사유재산인 핸드폰을 사용하지 못하게 했다. 의무복무, 영내생활 의무, 휴가 및 외출, 군병원 이용 등 민간인과 비교하여 군인의 기본권이 제한적으로 인정되는 영역은 모두 다 법령에 근거를 두고 있는데 핸드폰 쓰지 말라는 내용은 어디에서도 찾아볼 수가 없다. 하지만 그 시절 병사들에게 핸드폰 사용을 허용하자고 하면 나라 팔아먹으려는 '종북좌파' 소리를 듣는 것부터 간첩, 빨갱이 등 실로 형언할 수 없는 온

갖 비난을 감내해야만 했다.

병사들에게도 핸드폰 사용을 허용하자는 안이 국방부에서 공식 의제로 다루어진 건 2014년, '윤 일병 사건'을 계기로 국방부가 발족한 '민·관·군 병영문화혁신위원회'에서가 처음이다. 윤 일병은 한 달 가까이 끔찍한 구타와 가혹행위를 당하면서도 선임들의 방해로 가족들에게 연락 한번 제대로 못했다. 핸드폰 사용 허용은 비극을 반복하지 않기 위해 모인 이들이라면 누구나 한 번은 주목해볼 만한 해법이었다. 위원들 사이에선 병사들에게 핸드폰만 쥐어줘도 병영생활의 고립감이 일정 정도 해소될 수 있고 연이어 터진 군 내 사건·사고로 불안에 떠는 병사 가족들도 안심시킬 수 있을 것이란 주장이 터져 나왔다. 당시의 병영 상황으로 보면 이러한 주장은 실로 혁신적이었다.

그래서 반대도 거셌다. 특히 장군들의 반대가 심했다. 이때도 반대 측의 주장의 맨 앞줄에는 병사들이 핸드폰을 쓰면 군사보안이 무너질 거란 우려가 있었다. 그러나 그것만 있었던 건 아니다. 뒤따라 붙는 근거로는 '군기가 해이해진다', '부대에 음란물과 불법도박이 판을 친다', '모두 핸드폰만 보고 있어 체력단련에 소홀해지고 전우애가 느슨해진다' 같은 것들이 있었다.

팽팽한 찬반 격론 속에 위원회는 결국 절충안을 만들었

다. 개인 핸드폰은 사용할 수 없되, 생활관마다 수신전용폰을 하나씩 비치하기로 한 것이다. 수신전용폰은 말 그대로 전화를 받기만 할 수 있는 핸드폰이다. 발신은 못한다. 문자메시지 상용구로 '부대입니다. 전화 주세요'만 보낼 수 있었다. 수신전용폰은 내가 군생활을 절반쯤 했을 무렵 보급되었다. 날마다 아침 6시가 되면 당직사관이 생활관마다 수신전용폰을 나눠주고 점호할 때 거뒀다. 처음엔 너도나도 신기한 마음에 수신전용폰에 매달려 가족, 애인, 친구와 전화를 했다. 약은 병사들은 어떻게든 문자메시지 상용구를 수정하는 법을 배워다 써먹었다. 그러다 보안감사에 걸리면 징계를 받았다. 하지만 수신전용폰에 대한 관심은 이내 식었다. 그때가 2015년이다. 사람들에게 핸드폰은 이미 전화기 이상의 물건이었다. 공중전화와 하등 다를 것 없는 수신전용폰에 대단한 수요가 있을 리 만무했다. 비싼 예산을 들여 마련한 수신전용폰은 곧 애물단지가 되고 말았다.

○

2016년부터 「군인의 지위 및 복무에 관한 기본법」이 시행됨에 따라 국방부에 군인의 기본권 보장과 의무에 관한 사항을 논의하고 연도별·과제별 군인복무기본정책을 수립하기 위해 활동할 '군인복무정책심의위원회'가 생겼다. 이 위원회는 국방부장관을 위원장으로 하고, 합참의장 및 각 군 참모총장과 해병대 사령관을 당연직 위원으로, 국회 국방위원회가 추천하거나 국방부장관이 위촉하는 전문가를 민간 위원으로 둔다. 민간 위원의 임기는 2년이고 한 차례 연임할 수 있다. 처음 위원회를 꾸릴 때 군인권센터 임태훈 소장도 국회 국방위원회의 추천으로 위원이 되었다.

군인권센터는 이 위원회를 통해 병사 핸드폰 사용 이슈를 다시 공론장으로 이끌어내기로 했다. 임태훈 소장이 위원회의 공식 의제로 '병사 스마트폰 사용' 문제를 제시하자 2014년에 그랬던 것과 마찬가지로 갑론을박이 오갔다. 오랜 논의 끝에 위원들은 '시범운영'에 합의했다. 일단 2018년 상반기부터 인원이 적은 국방부 직할부대 네 곳에서 병사들에게 스마트폰 사용을 허용하기로 했다. 네 부대에서는 각기 스마트폰 사용 허용 시간, 사용 가능 장소, 보관 방법을 달리 정하기로 했다. 24시간 상시 소지할 수 있게 하는 부대, 아침 시간과 저녁 시간만 쓸 수 있는 부대, 저녁 시간만 쓸 수 있는 부대, 같은 저녁 시간에 써도 2시간 쓰는 부대, 3시간 쓰는 부대, 4시간 쓰는 부대 등으로 사용 조건을 달리 적용하는 식이었다. 시범운영인 만큼 다양한 경우의 수를 놓고 최적의 방안을 찾기로 했기 때문이다.

그리고 시범운영이 마무리될 때쯤 군인권센터 활동가들이 위원회 및 국방부 관계자들과 함께 실태조사를 나갔다. 활동가들은 4개 부대를 모두 방문해 시범운영 과정에서 간부와 병사들이 느낀 점과 애로사항을 청취하고 국방부가 우려했던 지점을 점검하는 한편, 부대별로 다르게 적용한 사용조건의 장단점도 파악했다.

당연한 일이지만 병사들은 스마트폰 사용을 아주 좋아했다. 혹여나 시범운영이 끝나고 다시 사용이 금지될까 걱정하는 이들도 많았다. 사회와의 소통과 소식 확인이 비교적 자유로워져 고립감이 감소되었다는 것이 공통 반응이었고, 여가활동의 범위가 넓어져 휴식시간을 훨씬 만족스럽게 보낸다는 반응도 많았다. SNS, 연락을 스마트폰으로 하게 되니 사이버 지식 정보방은 본래 운영 목적에 맞게 공부할 사람들만 사용하게 되어 좋다는 이도 있었고, 스마트폰으로 또래 병사들끼리 같이 게임하며 다소 내향적인 병사들도 공동체 생활에 더 잘 적응할 수 있게 되었다는 이야기를 했던 것도 기억에 남는다.

신기하게도 지휘관이나 간부들도 전반적으로 긍정적 반응을 보였다. 당시 시범운영 부대 지휘관들과의 면담에서 공통되게 확인할 수 있었던 건 병영부조리가 현저히 줄어들었다는 점이었다. 한 지휘관은 사생활이 없다시피 한 병영에서 스마트폰 사용으로 인해 병사들이 일과 후에라도 개인 공간을 확보한 것과 비슷한 효과를 누리고 있다고 했다. 그만큼 스트레스가 줄고 폭력과 부조리도 줄어들었다는 것이다. 단톡방 등을 통해 공지사항 전파가 더 효율적으로 잘 된다며 순기능을 이야기한 지휘관도 있었다.

의견이 갈리는 부분도 없지 않았다. 지휘관들은 부대 활기가 떨어지고 체육 활동을 잘 안 하는 것 같다고 우려한 반면, 병사들은 체력단련 시간이 정해져 있어 어차피 그 시간엔 체육 활동을 하고, 오히려 스마트폰 사용으로 인해 친목 도모를 할 창구가 늘어나 부대 단결이라는 면에서도 예전과 큰 차이가 없다는 반응을 보였다. 일선 실무 간부들도 병사들과 비슷한 입장이었다.

이 외에 지휘관들이 시범운영 과정에서 세심하게 살핀 우려 사항들도 있었다. 군부대 주변에 통신사 중계기가 별로 없어 데이터 통신이 잘 터지지 않는다는 지적, 사용요금이나 기종에 따라 병사 간 빈부격차가 가시화되는 데 대한 우려 등이 대표적이었다. 머리를 맞대고 이야기하는 와중에 전군에 스마트폰 사용을 허용하게 될 때를 대비해 국방부가 통신사와 협의하여 군부대 통신 여건을 개선하고 저렴한 군인요금제를 만들기 위한 준비를 시작해야 한다는 아이디어를 얻을 수 있었다.

국방부가 가장 우려하던 보안 사고나 도박·유해 사이트 사용 문제는 드러나지 않았다. 시범운영이라 병사들이 조심한 탓도 있겠지만, 사회상규(社會常規)상 스마트폰을 쓰게 해준다고 갑자기 불법도박에 빠지거나 공개된 장소에서 음란물에 탐닉한다는 전제 자체가 기우였다는 데에 의견의 합치를 이뤘다. 다만 보안 문제는 당장 드러나지 않았다고 해서 신경 쓰지 않을 순 없기에 2차 시범운영을 시작하기 전에 대책을 수립하기로 했다.

전반적으로 시범운영은 성공적이었다. 무엇보다 해보니 큰 문제 없다는 경험을 만들어낸 것이 주효했다. 반신반의하던 국방부도 자신감을 갖고 사업을 추진해나갔다. 실보다 득이 많다는 공감대가 형성된 것이다. 국방부는 2018년 하반기에 육·해·공군 일부 부대로, 2019년 상반기에 전군으로 시범운영을 확대했으며 2020년부터 정식으로 병사들의 스마트폰 사용을 허용했다. 사용조건으로는 평일에는 일과 시간 후부터 취침 전까지, 주말에는 기상 후 취침 전까지 스마트폰을 쓰고 사용하지 않을 때는 반납하는 방식을 택하고 사용시간 확대, 훈련병의 스마트폰 사용 문제 등은 경과를 지켜보고 다시 고민하기로 했다.

○

어렵사리 시작한 일이었던 만큼 병사들이 스마트폰을 사용하게 되기까지 중간중간 암초도 많았다. 잊을 만하면 태클을 거는 언론 기사나 오피니언이 나왔다. 태클엔 일부 예비역, 현역 장군들도 가세했다. 주로 병영에서 스마트폰과 관련한 범죄 사고가 발생했을 때 그랬다. '누가 불법도박을 했다더라', 'N번방 성착취 범죄에 군인이 연루되었다더라', '근무를 서면서 셀카를 찍어서 SNS에 올렸다더라'(간부가 한 일이었는데도 그랬다)라면서 국방부가 대책 없이 병사들에게 스마트폰을 쥐어줘 문제가 생겼다는 식의 주장이 난무했다.

물론 스마트폰 사용을 허용하지 않았다면 생기지 않았을 문제들도 없진 않다. 군인권센터는 2019년 5월 부설 기관으로 군성폭력상담소를 설치했다. 전군의 병사들이 스마트폰을 사용하기 시작한 시점이랑 비슷하다. 그 때문에 종전에는 드물었을 병사가 가해자인 디지털성범죄 상담도 접수되었다. 그렇다고 병사들에게서 스마트폰을 다시 뺏어야 하는 걸까?

인권 증진과 일탈 방지는 견주어 고민할 문제가 아니다. 사람이 모여 지내는데 스마트폰을 쥐어주면 그걸 이용해

범죄를 저지르는 사람도 있을 순 있다. 그렇다면 범죄자는 합당하게 처벌하고 범죄는 예방하면 된다. '갓갓'과 '박사'가 스마트폰으로 N번방과 박사방을 만들었다고 정부가 전 국민 스마트폰 압수 조치를 내리지 않는 것처럼, 현역군인들이 디지털성범죄에 가담한 문제를 두고 병사들이 스마트폰을 쓰는 데서 원인을 찾는 것은 문제해결에 대한 잘못된 접근방식이다. 그저 병사들에게 다소간의 자유를 허용하니 문제가 생겼다고 짜 맞추고 싶은 마음에 아무렇게나 갖다 붙인 것이다.

이런 사고방식의 기저엔 병사에 대한 깊은 불신이 깔려 있다. 촘촘히 통제하지 않으면 인간 구실을 못할 거란 불신은 비단 스마트폰 허용에서만 나타난 것이 아니다. 평일 외출을 실시할 무렵엔 평일에 외출을 내보내주면 너나없이 부대를 비우고 술에 취한 병사들이 부대로 복귀하지 않아 탈영병 잡으러 다니느라 분주해질 거란 우려가 많았다. 생활관을 침상형에서 침대형으로 바꾸고, 동기 및 근기수 생활관을 운영할 무렵엔 부대 단결이 저하되고 계급 질서가 무너진다는 걱정도 많았다. 하지만 그런 일은 벌어지지 않았다. 휴대폰 사용 이후로 보안위규(違規)로 형사처벌을 받은 이의 수가 급증한 것도 아니고, 평일 외출을 허용하여 부대 인력 운용에 문제가 생겼다는 소식은 들어본 적이 없다. 침대를 써서 군기가 무너졌다는 소리는 말할 것도 없다. 군대는 여전히 군대일 뿐이고, 군인들은 오늘도 나라를 지킨다.

병사들도 똑같은 사람이다. 사회인으로 살다 잠시 군복을 입고 군인의 임무를 수행하고 있을 뿐이다. 스마트폰을 쥐어주면 주어진 시간에 필요에 따라 휴대폰을 쓸 뿐이고, 평일에 외출을 보내주면 나가 놀다 들어올 뿐이다. 침상을 치우고 침대를 들이면 그 침대에서 보다 편히 잠을 잘 뿐이다. 달라지는 건 그뿐이다. 그 밖의 것들은 변화에 따라붙는 부산물이다. 본질은 생활이 편리해지고 불필요한 제약이 사라졌다는 점인데 모두 부산물에 매달려 시시비비를 가리느라 바쁘다.

불신은 병사가 주체적으로 자기통제와 사리분별을 할 수 없는 존재라는 인식에서 출발한다. 이 인식은 우리 군의 오랜 관성이다. 통제에 익숙한 우리 군은 통제를 벗어난 상황에 과도한 불안을 느낀다. 그래서 통제할 것과 통제하지 않아도 되는 것을 구분하는 법을 잘 모른다.

불필요한 통제야말로 군대를 탁아소로 만드는 주범이다. 자식이 부대 안에서 어찌 지내는지 잘 모르니 중대장이나 소대장에게 자꾸 부모들이 전화를 거는 통에 2014년부터는 부대마다 부모들을 대상으로 온라인상의 밴드나 카페를 운영했다. 병사들이 훈련하는 모습, 생활하는 모습을 사진으로 찍어 올리고, 부모들의 궁금증에 일일이 답변을 달아줬다. 일선 간부들 입장에선 부대 관리도 벅찬데 부모들까지 관리하려니 죽을 맛이었다고 한다. 그러던 중 병사들에게 스마트폰을 사용하게 한 것이고 그 뒤론 일하기가 한결 수월해졌다는 것이 중론이다. 2014년에 처음 병사들에게 핸드폰을 쓰게 해주자는 이야기가 나왔을 때 선제적으로 시행했다면 일선 간부들도 이런 노고를 겪을 까닭이 없었을 것이다. 과도한 폐쇄성과 통제 일변도의 병영문화는 모두를 불안하고 피곤하게 만든다.

통제의 반대는 방종이 아니라 자율이다. 통제는 쉽고 자율은 어렵다는 편견을 버려야 한다. 통제야말로 손이 많이 가는 반면 자율은 그렇지 않기 때문이다. 그렇게 못 믿으면서 전쟁 나면 병사들에게 총은 어떻게 맡길 것인가? 우리 군에 필요한 것은 병사들을 믿는 용기다. 스마트폰 사용 허용이 남긴 가장 큰 교훈은, 그 정도 용기는 내도 괜찮다는 것 아니었을까. 병사들이 스마트폰 쓰면 군대가 망한다고 저주를 퍼붓던 이들이 깊이 새길 일이다.

사람 함부로 가두는 군대

'영창 제도' 폐지와 위헌 결정

처음 군인권센터에서 활동을 시작했을 무렵, 분주히 다뤘던 상담 사례 중 하나는 '영창 상담'이었다. 당시 센터는 병사에 대한 징계 벌목 중 위헌성이 다분한 영창 제도를 폐지하는 것을 중요한 목적사업 중 하나로 두고 있었다. 그런데 영창 제도를 폐지하자면 「군인사법」상 병사의 징계 벌목을 규정한 조항을 헌법재판소로 보내야 했고, 그러자면 영창 제도로 인해 실제 피해를 본 사람을 찾아야 했다.

그래서 부당한 사유로 영창 처분을 받은 병사들의 상담을 접수하고 있다고 대대적으로 알렸다. 아주 많은 숫자가 들어온 건 아니지만, 그래도 종종 상담이 들어왔다. (물론 센터의 원칙에 따라 인권침해 가해자이거나 본인의 귀책사유가 분명한 사건은 상담하지 않았다.) 센터가 지원한 부당징계 사건은 대부분 간부들이 '기분이 나빠서' 애먼 병사들을 징계한 경우였다. 영창 폐지에 공감하는 변호사나 변호사단체와 힘을 합해 무료로 이들의 징계처분취소소송과 집행정지신청을 지원했다. 동시에 영창 제도에 대한 위헌법률심판제청신청이나 헌법소원도 제기했다. 사건이 쌓일수록 헌법재판소에 걸린 위헌소송 사건의 수도 늘어갔다.

○

이때 지원했던 사건 중에 기억에 남는 건이 하나 있다. 2016년의 일이다. 해병대 모 부대에서 전역을 앞둔 A병장이 영창 15일의 징계를 받고 억울하다며 전화를 걸어왔다. 징계 사유는 상관인 B중사를 모욕해 '상관모욕죄'를 범했다는 혐의였다.

이야기를 들어보니 A병장이 새로 부임한 B중사에게 밉보인 것 같았다. A병장이 속한 소대원들이 식당 청소당번이었던 날이다. 청소당번은 점심을 먹고 식탁을 행주로 닦는 일을 하는데 으레 그렇듯 다들 열심히 하지 않았던 모양이다. 간부들도 평소 청소당번이 하는 일에 큰 관심이 없었던 터라 청소가 끝나면 가장 선임인 병사가 청소상태를 둘러보고 철수시켰다고 한다. 그날도 당번 중 가장 선임이었던 A병장이 병사들을 철수시키던 중이었다. 그때 새로 부임하여 처음으로 당직부관을 맡은 B중사가 이 광경을 목도했다. B중사는 A병장을 불러다 왜 보고도 하지 않고 청소를 끝냈냐며 다시 데리고 들어가 청소를 하라고 지시했다. A병장은 평소 보고를 하지 않던 일이라 철수했던 거라 설명하고 다시 식당으로 들어가 후임들과 식탁을 닦았다. 그러곤 B중사를 찾았으나 없어서 별말 없이 다시 철수했다.

그날 밤, 통신병이었던 A병장은 야간근무 투입이 예정되어 있었다. 자다가 새벽에 일어나 근무를 하러 가는 일정이었는데, 늦잠을 자는 통에 정해진 시각보다 약간 늦게 야간근무자 집합 장소에 도착했던 모양이다. 이때 당직부관 B중사는 맨 뒷줄에 선 A병장을 앞으로 불러냈는데, 주변인의 진술에 따르면 잠이 덜 깼던 A병장은 서서 조느라 듣지 못하고 대답을 못했던 것 같다. 곧 앞뒤 사람이 쿡쿡 찔러 A병장을 깨워 앞으로 내보냈고, B중사는 A병장을 훈계했다. 그러곤 근무에 투입되었다.

이후 근무지 순찰을 돌던 B중사가 A병장이 통신 정비 작업을 하고 있던 곳을 들렀다. A병장은 장비를 들고 통신선 작업을 하던 중이라 B중사에게 거수경례를 하지 못했다. 이땐 B중사도 딱히 경례를 안 한 걸 문제 삼지는 않았다. 애초 작업 중에 상관에게 거수경례를 하지 못하는 건 잘못된 일이 아니다. B중사는 A병장에게 작업을 잘하고 있냐고 물었고, A병장은 "예, 그렇습니다"라고 대답했다. 곧 작업을 마친 A병장은 근무 교대를 위해 자리를 떠났다.

그로부터 며칠 뒤 A병장은 징계위원회에 회부됐다. 혐의는 다음과 같았다.

1. A병장은 B중사 앞에서 짝다리를 짚고 불량한 자세로 묻는 말에 대답을 하지 않았고, 세 번이나 이름을 불렀으나 대답하지 않아 상관을 모욕
2. A병장은 근무 중 순찰을 온 B중사를 보고도 의도적으로 경례를 하지 않고 묻는 말에도 대답하지 않았으며 벌떡 일어나 자리를 피해 상관을 모욕

일단 A병장과 당시 상황을 목격한 병사들의 진술과 징계 혐의 내용 간에 차이가 너무 컸다. 징계위원회는 마치 A병장이 일부러 반항하기 위해 B중사의 말을 '씹은 것'으로 징계 혐의를 설정했지만, 같은 자리에 있던 병사들은 B중사는 A병장을 한 번밖에 안 불렀을뿐더러, 졸고 있던 A병장을 깨워 앞으로 내보냈기 때문에 불량한 자세로 묻는 말에

대답을 하지 않은 적은 없다고 진술했다. 순찰 때의 일도 마찬가지다. A병장은 원래 통신선 작업 중에는 경례를 하지 않고 이후 B중사와 대화도 나눴으며 그런 다음 자리를 떠난 것인데 마치 B중사를 보고 자리를 팽개치고 못 본 척 박차고 나간 것처럼 징계 혐의를 설정한 것이 억울하다고 했다. 그러면서 새로 부임한 간부가 군기를 잡으려고 첫날부터 밉보인 자신을 표적으로 삼은 듯하다며 분통을 터트렸다.

일단 서로 주장하는 사실관계가 너무 다른 데다 A병장을 뒷받침해주는 다른 진술도 있었고, A병장이 공연히 상관을 모욕하는 언사나 행동을 한 것도 아닌데 상관모욕죄를 적용하는 건 법리상으로도 잘못되었다는 생각이 들었다. 그래서 무료 법률지원을 통해 징계처분취소소송과 집행정지신청을 냈고, 법원은 집행정지신청을 받아들였다. 이렇게 되면 영창 처분 집행은 취소소송이 마무리될 때까지 미뤄진다. 이후로 한창 소송이 진행 중이던 와중에 A병장은 영창에 가지 않고 만기 전역했다.

그러나 상황은 여기서 끝나지 않았다. A병장이 전역하자 B중사는 민간인이 된 A병장을 즉시 상관모욕죄로 고소했다. 하지만 1심 법원은 A병장의 주장이 신빙성 있다며 무죄를 선고했다. 재판부는 설사 B중사의 주장이 사실이라 하더라도 이는 훈계를 통해 바로잡을 수 있는 무례한 행동에 불과하지 상관을 모욕한 위법한 행동이라 볼 수는 없다는 내용을 덧붙였다. 얼마 뒤엔 2심 법원도 무죄판결을 내면서 사건이 종결된다. 그러나 A병장은 이 사건 때문에 전역 후 장장 2년 가까이 경찰, 검찰, 법원을 오가야 했다.

이 사건을 두고 센터가 던졌던 질문은 두 가지다.

첫째는 '똑같은 행동을 두고 영창 15일을 처분한 지휘관과 집행정지나 무죄를 판결한 판사의 판단 차이는 어디에서 온 것인가?'다. 형사처벌과 징계처분의 판단기준을 동일선상에 놓고 비교할 수는 없겠으나 형사벌에 준하는 징계벌을 부과하는 과정에서 무죄에 해당하는 행위에 가장 수위가 높은 수준의 징계를 부과한 건 납득하기 어려운 일이었다.

둘째는 'B중사의 말이 모두 사실이라 하더라도 A병장의 행동이 15일이나 영창에 구금해둬야 할 과오였는가?'다. 징계 혐의랍시고 가져온 건들도 상관을 상대로 욕설을 하거나 때리거나 집단적 반항을 조장한 것도 아니고 '인사를 안 했다', '대답을 안 했다' 수준이다. 백번 양보해 B중사의 말이 사실이라 쳐도 B중사는 사건 당일에 A병장이 대들거나 인사를 하지 않고 자리를 박차고 나갈 때 불러다 그 자리에서 훈계를 했어야 한다. A병장이 군생활 내내 징계를 받은 적도 없고 상습적으로 그런 것도 아니니 훈계로 충분히 마무리할 법한 일이다. 그런데 당시에는 아무 말도 않다가 며칠이 지나 갑자기 징계위원회에 회부해선 보낼 수 있는 최고 한도로 영창에 집어넣으려 드니 어찌 온당한 처사라 할 수 있겠는가?

이 사건은 영창 제도가 얼마나 '원님 재판'처럼 제멋대로인지 여실히 보여준 사례다. A병장이 마냥 잘했다는 이야기가 아니다. 징계도 엄연한 법적 절차다. 기준이 아닌 기분을 근거로 엿가락 늘이듯 제멋대로 이루어져선 안 된다. 사람을 구금하는 경우엔 더더욱 신중해야 한다. 누군가의 자유를 제한하려면, 그만한 타당성과 합리성을 갖춰야 한다. 그러나 영창은 그렇게 운영되지 않았다.

○

2020년 1월 9일, 국회는 병사 징계벌목 중 헌법상 영장주의 위반 등으로 비판받아온 영창 제도를 폐지하는 「군인사법」 개정안을 통과시켰다. 1896년 조선군이 일본군의 제도를 따라 만들었다고 하니, 124년 만에 폐지된 셈이다. 그해 9월에는 그간 제기해온 위헌소송 사건들에 대한 헌법재판소의 판단이 나왔다. 헌법재판소는 영창 제도를 '위헌'이라 결정했다. 이렇게 영창 제도는 완전히 역사 속으로 사라졌다.

영창 제도의 위헌성을 수면 위로 드러낸 것은 2005년 참여정부의 '사법제도개혁추진위원회'다. 영장주의 위반 등 영창이 내포한 여러 문제점이 풍부하게 논의될 수 있는 계기였다. 위원회는 영창 제도를 존치하되, 징계 제도의 공정성을 강화하기 위한 각종 장치를 신설하기로 절충안을 마련했다.

이후로 2012년에는 군인권센터와 진선미 민주통합당(현 더불어민주당) 의원이 의무경찰에게 영창을 처분한 사건을 두고 행정벌(行政罰)인 징계에 인신을 구속하는 신체형을 둔 것은 인권침해라면서 「의무경찰대 설치 및 운영에 관한 법률」상 영창 제도에 대한 헌법소원을 제기했다. 4년 뒤인 2016년 헌법재판소는 영창 제도가 합헌이라 결정했으나 위헌 의견 다섯 명, 합헌 의견 네 명으로 재판관 다수의 의견은 위헌이었다. 한편 경찰청은 헌법재판소의 판단과 별개로 영창이 영장주의를 위반하는 자의적 구금이란 문제 지적을 수용했다. 2013년부터 영창을 처분한 만큼 복무일수를 늘리되 유치장엔 가두지 않고 봉사활동으로 대체시켰다.

영창을 둘러싼 논란이 계속된 까닭은 무엇일까?

영창은 사람을 일정 기간 일정 장소에 가둬두는 구금형이다. 근대국가의 탄생 이래로 '구금'은 매우 민감하고 중요한 이슈였다. 프랑스혁명이 일어난 해인 1789년 프랑스 국민의회는 프랑스 인권 선언으로 알려진 「인간과 시민의 권리 선언」 제7조에서 "법에 의해 규정된 경우가 아니거나, 법에 의해 규정된 형식에 따르지 않고서 누구도 기소되거나 체포되거나 구금되어서는 안 된다"라고 규정했다. 신체에 대한 자유로운 통제권을 확보하는 일은 군주가 마음대로 시민들을 옥에 가두던 절대왕정 치하에서 자유주의 근대국가로 한발 내딛기 위해 꼭 필요한 요소였다.

이러한 인식은 우리의 「헌법」에도 잘 드러나 있다. 헌법 제12조 제1항은 "누구든지 법률에 의하지 아니하고는 체포·구속·압수·수색 또는 심문을 받지 아니하며"라고 규정하고, 제3항은 "체포·구속·압수 또는 수색을 할 때에는 적법한 절차에 따라 검사의 신청에 의하여 법관이 발부한 영장을 제시하여야 한다"라고 규정한다. 이것을 바로 '영장주의'라 부른다. 사람을 가둘 때는 반드시 판사가 발부한 영장이 있어야 한다는 것이다. 판사가 아닌 지휘관의 지시로 병사를 가두는 영창 제도가 영장주의를 위배한 '자의적 구금'이라는 비판은 여기에 근거한 것이다.

행정처분에 불과한 징계벌에 헌법상 기본권을 제한하는 구금형을 둔 것도 문제다. 행정상의 징계는 행정체계상 특별권력관계에서 내부 질서를 유지하는 데 목적을 두기 때문에 일반 사회의 질서를 유지하는 형법체계와는 개념을 달리한다. 행정상의 의무를 위반하는 행위와 반사회적 범죄행위는 서로 다른 범주에 있어 벌주는 기준도 다르다. 성격이 다른 까닭에 하나의 사건에 징계와 형사처벌을 모두 부과해도 일사부재리의 원칙에 위배되지 않는다. 이 때문에 통상적으로 징계벌은 행정상 이익의 전부 또는 일부를 박탈하거나 도래한 이익을 일정 기간 제한할 뿐이다. 반면 신체적·재산적 이익 등 기본권을 박탈하거나 제한해야 할 경우에는 재판을 통해 형사처벌을 한다.

그런데 유독 영창 제도만 징계벌임에도 신체의 자유를 박탈하는 구금형의 형태를 띠었다. 형사벌 체계상 생명형인 사형을 제외하고는 징역, 금고 등의 구금형이 최고 형벌임을 감안하면 이는 이해하기 어려운 일이다. 다른 징계벌과 비교해봐도 특이하다. 가령 간부들은 파면·해임·강등·정직·감봉·근신·견책 등 인사상의 불이익에 해당하는 처분만을 받는다. 병사 징계 중 다른 항목도 강등, 휴가 제한, 근신 등으로 마찬가지 성격을 지닌다. 공무원이나 경찰이 약소한 비위행위를 저질렀다고 재판 없이 경찰서 유치장에 며칠씩 가둬두고 훈계할 수 없듯이 병사들도 행정적 불이익이 아닌 신체적 불이익을 주는 방식으로 징계할 순 없는 것이다. 이는 법체계에 들어맞지 않는 일이다. 신체 자유를 제약할 수준의 잘못을 저질렀다면 징계벌이 아닌 형사벌로 다스리는 것이 합당하다.

군복무를 마친 병사들은 영창에 가둬두는 일이 잘못을 반성하는 일에도 그다지 도움이 되지 않는다고 입을 모은다. 실상 병사들이 두려워하는 것은 영창을 다녀온 기간만큼 복무기간이 늘어나는 것이지 갇히는 것 자체가 아니다. 가둬놓으니 기분이 나쁠 뿐이지 정작 두려운 것은 행정상의 불이익인 복무기간 연장인 것이다. 굳이 헌법에 위배되는 구금의 수단을 사용할 까닭이 없다.

외국군의 사례에서도 구금에 대한 민감한 의식을 엿볼 수 있다. 현재 영창을 운영하는 국가는 미국과 독일이다. 그런데 미군에서 운영되는 영창은 우리의 영창과는 개념이 다르다. 미군의 영창은 문을 잠그지 않고, 서신·면회·독서·면담·청원 등의 권리에도 아무런 제약을 두지 않는다. 구금하지 않는다는 점에서 우리나라의 영창 제도와는 다른 제도다. 오히려 특정 장소에 일정 기간 머물며 반성을 요하는 제도란 점에서 영창보다는 근신에 가깝다. 독일군은 징계권자의 영창 처분을 관할 법원의 판사가 동의했을 때만 가능하게 하고 있다. 영장주의를 위반하지 않기 위한 보충적 수단을 가지고 있는 것이다.

이런 상황이기 때문에 우리나라의 영창 제도에 대한

국제 사회의 지적이 많았다. 2017년 UN 고문방지위원회(Committee against Torture)가 제도 폐지를 권고했고, 같은 해에 UN 자의적구금실무위원회가, 2019년에는 UN 자유권규약위원회가 각각 영창 폐지에 관해 대한민국 정부에 질의하기도 했다.

○

이처럼 유례를 찾아보기 힘든 이상한 제도가 오래 유지된 것은 '기강'에 대한 우리 군의 낡은 인식 때문이다. 2014년 육군 28사단에서 '윤 일병 사망사건'이 발생하기 전만 해도 군에는 '맞아야 군기가 든다'라는 풍조가 만연했다. 일반 사회에서는 상상도 하기 힘든 범죄행위들이 기강을 세운다는 명목으로 마구 벌어졌다.

영창도 마찬가지다. 영창이 폐지될 때도 군의 기강이 무너질까 근심하는 지휘관이 많았다는 후문이다. 인권과 기강은 대치되는 개념이 아니다. 그럼에도 인권을 보장하면 군의 기강이 무너진다는 식의 불만은 불합리한 제도가 개선될 때마다 군에서 나타나는 단골 반응 중 하나다.

기본권을 제한해서라도 기강을 바로 세워야 한다는 인식은 군기를 잡기 위해서라면 때리고 괴롭혀도 상관없다는 인식과 결을 같이한다. 권리를 침해하고 자유를 박탈해야 기강이 바로 선다는 그릇된 사고방식이다. 하지만 조직의 기강을 바로 세우고 잘못한 이를 반성하게 하는 건 정교한 교정 시스템을 통해 달성해야 할 목표다. 무작정 권리를 침해하며 공포와 두려움을 심어주는 구시대적 방법으로는 반발심만 불러일으킬 뿐이다.

가까운 예로 미군은 군인의 비위행위를 다루는 방식을 네 단계로 나눈다. 첫째가 비징벌적 조치, 둘째가 행정적 교정 조치, 셋째가 비사법적 절차에 의한 처벌, 넷째가 군법회의 회부다. 이 중 앞서 살펴본 비구금식 영창은 '비사법적 절차에 의한 처벌'에 속한다. 그마저도 교육·훈련으로 목적 달성이 불가능하거나, 질서 유지를 위해 불가피하다고 여겨질 때에만 부과하게끔 규정하고 있다. 다양한 단계의 징벌 시스템이 세밀하게 갖추어졌다는 점에서 기본권을 제약하는 처벌만이 교정의 능사가 아니라고 보는 인식을 엿볼 수 있다.

우리 군은 영창을 대신하여 '군기교육'을 새로운 벌목으로 추가했다. 당초에는 행정벌의 특성에 맞게 구금하지 않고 복무기간만 연장해 인사상의 불이익을 부과하는 '정직'이 고려되었으나 복무기간도 늘리고 교육도 진행하는 방안으로 최종 선택되었다. 사실 '교육'이 행정벌에 들어간 것도 이상한 일이다. 정직 처분을 내리고 교육을 행정처분으로 부과하는 것이라면 모를까, 교육 자체가 징계벌인 형태는 국가조직 어디에서도 찾아보기 힘들다. 국방부도 이를 알지만 영창이 사라지면 기강이 무너질 것을 근심하는 일부 지휘관들의 의견 때문에 군기교육을 택했다는 후문이다.

그럼에도 영창 폐지는 군 인권 이슈에 있어 또 한 걸음의 큰 성과였다. 병사들은 더 이상 상관의 기분과 감정에 따라 어이없는 이유로 영창을 15일이나 처분받을 일이 없고, 법관도 아닌 사람에 의해 불합리하게 구금을 경험할 일도 없을 것이다. 물론 숙제도 남아 있다. 징계나 징벌 제도 전반을 합리화하는 문제다. 여전히 지휘관 마음대로 억지로 죄를 갖다 붙여 징계를 부과하거나 부조리를 신고했다는 이유로 과거를 탈탈 털어 징계로 보복하는 일이 비일비재하다. '원님 재판'식의 징계 제도를 형사절차에 준하는 방식으로 개선해야 한다. 일단 징계권자가 너무 많다. 징계권자와 징계의뢰권자를 분리하여 중대장 이상으로 일괄 부여된 징계권은 사단급 지휘관 이상으로 일원화하고, 일선 부대 지휘관에게는 징계의뢰권을 부여하면 된다. 징계심의 절차도 법무관 중심으로 재편해야 할 것이다.

군 기강 확립은 신분과 계급에 매이지 않는 성역 없는 법 집행, 범죄자에 대한 엄중 처벌, 공익 제보자와 피해자에 대한 철저한 보호 등을 통해 제도의 합리성을 높여가려는 노력에서 비롯되어야 한다. 상식을 벗어나는 법 집행과 범죄자에 대한 온정적 시선, 책임 있는 이들은 요리조리 빠져나가고 제보자와 피해자만이 보복의 두려움에 떠는 군대의 일상다반사에서, 영창 하나 없앤다고 군기가 무너져 군대가 망할 일은 없다. 실제로 망하지도 않았다. 군기는 그렇게 잡는 것이 아니다.

아파도 말 못 하는 사람들

병가 제도와 군인의 건강

2010년대 이후로 군생활을 한 사람이라면 훈련소에서 이런 저런 예방접종 주사를 맞은 경험이 있을 것이다. 모든 게 낯설고 정신없던 훈련병 시절, 일렬로 세워놓고 맞으라니 맞았던 주사인지라 종류까지는 잘 기억이 나지 않는다. 다만 그중 하나가 뇌수막염 예방접종이라는 건 안다. 전군에 입대하는 모든 장병을 대상으로 뇌수막염 예방접종을 시작한 건 2012년이다. 그로부터 1년 전, 육군훈련소에서 한 훈련병이 뇌수막염으로 세상을 떠났다. 고 노우빈 훈련병이다.

2011년 4월 21일, 육군훈련소에 입소한 훈련병 중에 뇌수막염 환자가 발생한다. 다행히 이 환자는 조기에 대학병원으로 후송되어 진단을 받았다. 그런데 뇌수막염은 전염력이 높다. 담당 의사는 집단생활을 하는 훈련소에서 뇌수막염 환자가 발생한 만큼 전염의 우려가 높다고 판단했고, 같은 기수 훈련병들에게 예방 차원에서 항생제를 복용시킬 것을 권했다. 그러나 훈련소에서는 환자와 밀접 접촉한 사람들만 항생제를 복용하도록 했다.

그리고 이틀이 지난 23일 새벽 1시에 야간행군을 하던 노우빈 훈련병이 건강상의 이유로 낙오한다. 몸살 기운이 있어 낙오했지만 지휘관에게 보고되진 않았다. 새벽 2시경 행군에서 복귀한 후 노 훈련병은 고열과 호흡곤란 증세를 호소했으며 차고 있던 군장도 스스로 잘 풀지 못했다. 하지만 소대장은 온수 샤워를 시켜줬을 뿐이다. 샤워 후 한 시간 반이 지난 뒤에도 증세가 나아지지 않자 그제야 소대장은 노 훈련병을 데리고 연대 의무실로 진료를 보러 갔다. 그러나 의무실에는 의무병만 있었고, 군의관은 30분 전쯤 퇴근한 뒤였다. 별수 없이 의무병이 체온을 쟀고 열이 높은 걸 보고는 타이레놀 두 알을 처방하여 복용시켰다. 의사도 아닌 사람이, 의사가 자리에 없다는 이유로 약을 처방하고 환자를 돌려보낸 것이다. 생활관으로 돌아온 노 훈련병은 타이레놀을 먹고 잠들었다. 그러곤 오전 11시에 일어났다. 이땐 이미 증세가 심각해진 뒤였다.

노 훈련병은 11시 45분에 다시 연대 의무실을 찾았다. 그러나 의무실은 지정된 진료시간이 끝났다며 환자를 돌려보냈다. 처음 증상을 호소한 후로 한나절이 다 가도록 노 훈련병은 지척에 의무실을 두고도 군의관을 만나보지도 못했다. 결국 30분 뒤인 12시 15분이 되어서야 환자는 육군훈련소 지구 병원에 닿을 수 있었다. 그러나 이때는 이미 군병원에서 돌볼 수준이 아니었다. 갈수록 상태가 악화되어 오후 3시엔 인근의 민간 병원으로 이송되었고, 4시 50분엔 다시 대학병원으로 이송되었다. 그리고 다음 날 새벽, 노 훈련병은 패혈증으로 인한 급성호흡곤란증후군으로 세상을 떠났다.

훈련소에 뇌수막염 환자가 발생한 상황에서 고열 환자가 발생했다면 누군가 한 명쯤은 전염을 의심해봤어야 한다. 하지만 아무도 그런 경각심은 갖지 않았던 것으로 보인다. 사람이 죽은 뒤에도 그랬다. 노 훈련병이 세상을 떠나고 며칠이 지난 뒤 훈련소엔 뇌수막염 환자가 또 발생했다. 훈련소장은 그때 비로소 훈련병 모두에게 항생제를 복용시켰다.

○

질병의 예후는 함부로 단정할 수 없는 것이라지만 치료를 하다가 죽은 것과 치료도 제대로 못 받아본 채로 중태에 빠져 죽음에 이른 건 차원이 다른 문제다. 딱 한 사람만 의심했어도 이 어이없는 희생은 없었을지 모른다. 아픈 이에겐 의심이 곧 관심이다. 관심이 없으니 의심도 하지 않는 것이다. 군대에선 아픈 게 제일 서럽다는 말이 있다. 잠깐이라도 군대를 경험해본 사람이라면 이게 무슨 말인지 본능적으로 안다. 군대에선 아파봐야 아무도 관심을 가져주지 않는다. 관심이 없는 수준이면 그나마 다행이다. 많은 경우 환자를 두고 건강을 의심하지 않고 꾀병을 의심한다. 의학을 모르는 일반 간부나 선임병만 그런 것이 아니다. 아프다고 찾아오는 이들을 잠재적 꾀병 환자로 취급하는 군의관들도 있다. 집 나와 아픈 것도 서러운 일인데 꾀병까지 의심받아야 하니 이 얼마나 원통한 일인가.

노 훈련병이 세상을 떠나기 전, 그해 육군훈련소에서는 이미 환자 두 사람이 유명을 달리했다. 한 사람은 노 훈련병과 비슷한 경우로 급성 폐렴에 걸린 환자에게 한동안 해열제만 처방하다 뒤늦게 민간 병원으로 후송해 사망한 경우다. 다른 한 사람은 충격적이게도 스스로 목숨을 끊었다.

이 훈련병은 급성중이염을 진단받았는데 군에서 준 약을 오랜 기간 먹어도 차도가 없어 군의관을 여러 차례 찾아가 민간 병원에 보내달라 요청했지만 번번이 거절당했다. 군의관은 훈련병이 꾀병을 피운다고 생각했고, 급기야 다른 병사들을 시켜 의무실 밖으로 질질 끌어내기에 이른다. 아마 환자가 훈련을 받기 싫어 바깥 공기를 쐬고 오려고 수를 쓴다 여겼을 것이다. 며칠 뒤 훈련병은 모욕감과 상실감을 호소하며 세상을 등졌다.

국가인권위원회에서는 2013년과 2020년에, 두 차례에 걸쳐 '군 의료체계 실태조사'를 실시했다. 2020년에는 직접 연구원으로 참여하기도 했다. 의료체계 실태조사의 주요한 목적은 환자가 자신에게 필요한 진료를 받지 않거나 못 받는 이유, 즉 '미충족 의료'의 원인을 분석하고 그 대책을 마련하는 데 있다. 민간에서는 경제적 부담이 미충족 의료의 가장 큰 원인이고, 그다음은 시간적 여유가 없기 때문이며, 증세가 경미하다고 생각해 제때 병원에 가지 않는 것이 그 뒤를 잇는다. 그런데 군인들은 다르다. 아플 때 아프다고 말하기 어렵다는 것이 압도적으로 많이 꼽히는 미충족 의료의 원인이다. '근무지를 비울 수가 없어서', '훈련이 있어서', '간부나 선임이 눈치를 줘서', '남들에게 폐를 끼치는 것 같아서' 등등 여러 이유가 환자들의 입을 막는다.

그나마 간부들이야 주말이나 저녁시간을 이용하거나 휴가를 내서 병원에 다녀올 수 있지만 영내에 거주하는 병사들은 말을 꺼내지 않으면 아예 병원 근처에도 가볼 수가 없다. 군 병원의 인적·물적 여건이 민간 병원에 비해 열악하고 낙후된 건 둘째 문제다. 애당초 쉽게 갈 수 없는 병원인데 시설이 좋아진들 무슨 소용이란 말인가.

군에서는 노우빈 훈련병이 떠난 이후로도 제때 진료를 못 받아 소중한 생명이 꺼지거나 꺼질 뻔한 사건이 부지기수로 많았다. 앞서 소개한 2016년 고 홍정기 일병 사망사건이 대표적이다. 현역 기준을 충족하는 신체 건강한 20대 청년들이 병원을 가지 못해 죽거나 죽음의 문턱을 딛는 어처구니없는 일이 계속해서 발생하는 데는 다 이유가 있다. 아픈 군인을 바라보는 관점이 고장 난 탓이다.

○

2019년 12월, 「현역병 등의 건강보험 요양에 관한 훈령」이 개정되어 '질병을 사유로 하는 현역병의 청원 휴가(병가)' 제도가 대폭 손질되었다. 국방부가 추진 중인 '군 의료체계 개선 계획'의 일환이었다.

훈령은 현역병의 민간 의료시설 요양에 관한 세부 사항

을 규정하기 위해 만들어진 규정이다. 병사는 군 의료시설에서 무상으로 의료서비스를 이용할 수 있기에 다달이 내야 하는 국민건강보험료 납입 의무가 없고, 보험료를 내지 않으니 국민건강보험법에 따라 입대와 동시에 보험급여도 정지된다. 대신 병사들이 민간 의료시설을 이용할 때 발생하는 보험급여 소요는 국방부가 정산해 건강보험공단에 납입한다. 병사들은 민간인과 마찬가지로 자부담 비용만 납부하면 된다. 국방부가 대납하는 보험급여는 국방예산으로 지출하는 것이기에 이에 대한 제반 사항을 규정할 목적으로 훈령이 마련된 것이다.

2019년에 훈령을 개정하기 전까지 병사들은 군의관의 진단에 따라 민간 의료시설에서 군복무 중 최대 30일의 병가를 사용할 수 있었다. 병가는 진료·검사·약제·입원의 모든 경우에 사용이 가능했다. 그런데 개정된 훈령에 따르면 지휘관은 군의관뿐 아니라 민간인 의사가 내린 진단·소견으로도 병가를 허가할 수 있고, 병가는 입원 목적으로만 허가할 수 있으며, 외래 진료·검사·약제 목적인 경우 법령이 정한 특별한 경우를 제외하고는 허가할 수 없게 되었다.

이 중 민간인 의사의 진단·소견에 따라 병가를 허락할 수 있게 된 것은 진일보한 조처였다. 이전까지는 민간인 의사가 병사에게 진단·소견을 내리면 군 의료시설에서 군의

관에게 같은 내용으로 또 진단을 받아야 병가를 허가받을 수 있었다. 민간인 의사나 군의관이나 똑같은 의사인데 동일한 내용의 진단을 중복으로 받아야 병가의 타당성을 인정해준 셈이니 불필요한 절차가 아닐 수 없었다.

문제는 병가의 대상이 되는 의료행위를 입원으로 한정한 것이었다. 이러한 변화에는 이 시기 '진료 외출' 제도가 새롭게 도입된 것도 한몫했다. '진료 외출'은 병사가 민간 의료시설 이용을 희망하면 평일 일과 시간에도 지휘관 허가하에 부대 밖으로 외출해 진료를 보고 올 수 있는 제도다. 원래 부대 밖 병원을 가려면 매번 복잡한 휴가 승인 절차를 거쳐야 했는데, 이제 지휘관이 외출증만 끊어주면 간편하게 다녀올 수 있게 바뀐 것이다. 병사의 민간 의료 접근권이 높아졌다는 점에서 바람직한 변화다. 그러나 진료 외출 제도 도입이 병가의 제한으로 이어진 것은 이상한 일이다. 권리를 하나 새로 부여하고는 다른 하나를 도로 가져간 셈이다. 이 때문에 병사들은 병가를 사용할 기회를 과도히 제한당하게 되었다.

2018년 국방부가 마련한 '군 의료 시스템 개편안'에 따르면 2017년 기준 군 의료시설을 찾는 환자의 97%는 감기·염좌 수준의 경증환자다. 중증환자는 3%도 안 된다. 그나마 상급병원 구색을 갖추고 있는 국군수도병원도 중증환자 비율은 5%를 넘지 않는다. 비슷한 시기 민간 상급병원의 중증환자 비율이 18%였던 것을 감안하면 3분의 1에도 미치지 못하는 수치다. 반면 민간 의료시설을 찾은 병사 중 의원급병원에서 치료 가능한 질환의 경증환자는 70% 정도였다. 민간 의료시설 이용자와 군 의료시설 이용자의 비율이 약 5:5인 점을 고려할 때 중증질환을 앓는 병사들은 군 의료시설보다 민간 의료시설을 많이 찾는다는 방증으로 볼 수 있다. 따라서 병사의 민간 의료시설 이용 제도 개선은 동네 병원을 가는 병사보다는 큰 병원에 가는 병사들에게 초점을 맞춰야 한다.

그런데 민간 의료시설 이용 목적의 병가를 입원에 한정해버렸으니 밖으로 나가 진료를 봐야 하는 병사들은 진료외출을 이용해 하루 만에 병원을 방문, 진료를 받고 부대로 복귀해야만 하게 된 것이다. 상당수의 군부대가 도시에서 뚝 떨어진 곳에 있다. 경증질환으로 동네 의원급 시설을 찾는 환자야 별 상관이 없겠으나, 큰 병원을 가야 하는 환자들은 산 넘고 물 건너 몇 시간을 이동해야 한다. 이 때문에 훈령이 개정된 뒤로 멀리 병원을 다녀야 하는 병사들은 개인 연가를 사용해 울며 겨자 먹기 식으로 휴가를 다녀오곤 했다.

국방부가 진료 외출을 도입하면서 병가 요건을 강화한 일도 한 꺼풀 벗겨보면 우리 군의 기저에 깔린 환자에 대한 뒤틀린 인식과 맥락을 같이한다. 예나 지금이나 병가 제도 운용 방식에는 병사에 대한 불신이 그 뿌리에 있다. 여전히 우리 군에는 '병사의 병은 아마 꾀병일 것'이라는 기본적 불신이 팽배하게 깔려 있는 것이다. 이러한 까닭으로 예전에는 병가를 허가할 때 민간 병원에서 발급한 진단서·소견서를 믿지 않고 군의관의 진단을 중복해서 받게 하였다. 그뿐인가. 병가 제도 개편을 위한 훈령 개정 사유에는 '병가를 악용하는 사람들 때문'이라는 말이 버젓이 쓰여 있다. 꾀병 우려는 군이 병사의 민간 의료시설 이용과 관련한 제도를 설계할 때마다 단골로 나오는 검토 사항이기도 하다. 진료 외출 제도도 도입 직전까지 이를 악용할까 걱정하는 일선 지휘관이 많았다는 후문이다.

그러나 병가 제도는 아픈 사람이 잘 치료받고 충분히 회복하여 임무에 정상적으로 복귀하도록 하는 데 목적이 있다. 이 때문에 누구나 동등한 조건에서 누려야 할 여타의 휴가 제도와 달리 제도의 핵심이 공정성에 있지 않다. 병가는 위로휴가나 포상휴가와는 개념과 목적이 전혀 다르므로 제도의 초점을 꾀병이나 편법을 쓰려는 사람을 막는 데 두어서는 안 되고, 장벽을 낮춰 아픈 사람이 필요에 따라 신속하게 어려움 없이 사용할 수 있게 하는 데 두는 것이 당연하다.

○

몇 차례의 문제 지적 끝에 2021년 11월, 국방부는 다시 외래와 검사 및 자택 가료(加療)를 위해서도 병가를 사용할 수 있게끔 규정을 다시 고쳤다. 훈령의 이름도 「장병 진료목적의 청원휴가 등에 관한 훈령」으로 바꿨다. 다행스러운 일이다. 제도를 설계하고 정치를 이끄는 이들이 말로만 국방의 의무가 신성하다고, 국군 장병들이 소중하다고 할 일이 아니다. 의무복무로 징집한 병사에 대한 국가의 책임은 무한대다. 건강히 입대시켰으면 건강히 돌려보내는 것이 마땅한 책무다.

60만 대군에 꾀병 환자가 왜 없겠는가. 그러나 소수의 꾀병 환자를 이유로 전체 환자를 불신의 눈초리로 바라보는 것은 아주 위험한 일이다. 그렇게 숱한 생명을 떠나보냈으면서도 우리 군은 그걸 아직 잘 모른다. 빈대 잡으려다 초가삼간 태우는 일이 없게끔 설계해야 하는 것이 환자의 의료권 보장 문제다. 빈대 잡는 일에 미련을 버려야 군 의료체계가 바뀐다.

‘무죄’, 두 글자를 새기기까지

「군형법」상 추행죄와 ‘성소수자 군인 색출 사건’

2017년 10월 27일, 육군 모 사단 군사법원에서 있었던 일이다. 피고석에는 두 사람의 젊은 군인 간부가 나란히 앉아 있었다. 이 사람이 저 사람을 추행했다는 죄목으로, 저 사람은 이 사람을 추행했다는 죄목으로 그곳에 있었다. 보통의 추행은 강제성이 수반된 성추행을 의미한다. 그런데 서로 추행을 해서 함께 재판을 받는다니? 어리둥절한 일이 아닐 수 없다.

이들에게 적용된 죄목은 군대에만 존재하는 법, 「군형법」 제92조의6 추행죄다.

“(군인 등이) 군인 등에 대하여 항문성교나 그 밖의 추행을 한 사람은 2년 이하의 징역에 처한다."

그냥 보면 특정 성관계 체위를 처벌하는 이상한 법으로 해석할 수 있다. 남녀 간에도 항문성교를 할 수 있으니 법 조문에 충실히 따르자면 이성애자 부부 군인도 이 법에 따라 징역형으로 처벌받을 수 있다. '그 밖의 추행'이란 말은 무슨 말인지 한층 더 알 길이 없다. 무엇을, 왜 처벌하려는 것인지 전혀 파악이 되지 않는다. 이해를 위해서는 2013년에 이 법이 개정되기 전의 조문 내용부터 살펴야 한다.

"(군인 등이) 군인 등에 대하여 계간(鷄姦)이나 그 밖의 추행을 한 사람은 2년 이하의 징역에 처한다."

'계간'의 사전적 의미는 "사내끼리 성교하듯이 하는 짓"으로 남성 동성 간의 성관계를 낮잡아 부르는 말이다. 그러니까 이 법은 남성 군인 간의 성관계를 징역형으로 처벌하는 법인 것이다. 그럼에도 '그 밖의 추행'의 의미는 여전히 모호하지만, 군은 항문성교 외에 남성 간에 벌이는 성적 접촉을 모두 '그 밖의 추행'으로 싸잡아 처벌해왔다.

앞서도 이야기했지만 이 법은 동성 간 성관계를 가진 쌍방을 모두 처벌 대상으로 상정한다. 바꿔 말하면 상호 합의하에 이뤄진 성관계를 위법행위로 본다는 것이다. 동성 군인 간 성관계라 해도 강제로 가해진 성폭력에는 이 법이 아닌 「군형법」 제92조(강간), 제92조의2(유사강간), 제92조의

3(강제추행), 제92조의4(준강간, 준강제추행) 등을 적용한다.

여기서 한 가지 의문이 더해진다. 대체 수사기관은 어떻게 이들이 성관계를 가진 것을 알고 기소했을까? 두 사람 다 벌을 받을 터인데 한쪽이 신고한 것은 아닐 테고, 어디에 광고한 것도 아닌데 자기 집에서 서로 좋아서 가진 관계를 수사기관이 인지할 방도는 더더욱 없었을 것이다. 현실성은 없지만 이들을 법정에 세울 방도는 단 하나밖에 없었다.

두 사람 모두의 자백을 받아내기.

○

2017년 3월, 장교 한 사람이 군인권센터로 전화를 걸어왔다. 몹시 흥분한 목소리로 그는 다짜고짜 물었다.

"군인이 게이라는 이유로 막 수사하고 그래도 돼요?"

웬 뚱딴지같은 소리인가. 당연히 안 된다고 대답해줬다. 성소수자라는 사실은 죄가 되지 않는데 수사를 받고 있다는 게 이상했다. 두서없이 쏟아진 그의 말은 온통 이해하기 어려운 것뿐이었다. 한두 사람이 그렇단 것도 아니고 자기가 아는 선에서 육군에서 게이 군인 십 수 명이 줄줄이 수사를 받고 있다는데 믿기지 않았다. 차근차근 물어보니 내남시는 수사를 받은 당사자가 아니었다. 자세한 내막을 파악하려면 당사자와의 통화가 필요하다는 말을 전했다. 그러곤 한참 전화가 없어 퇴근하고 친구를 만나러 갔는데 이내 사무실 당직근무자로부터 전화가 왔다. 당사자에게서 전화가 왔는데 마침 근처라 사무실로 찾아왔다는 이야기였다. 나는 밥을 먹는 둥 마는 둥 하곤 사무실로 돌아갔고, 그렇게 당사자로부터 들은 이야기는 정말 기막혔다.

2017년 2월, 육군본부에서 헌병(지금의 군사경찰) 수사관 셋이 전방부대로 찾아와선 할 이야기가 있다며 장교 한 사람을 불러냈다. 경계심 없이 나간 자리에서 수사관은 장교에게 대뜸 "OOO 중사를 알지 않느냐?"라고 물었다. OOO은 장교의 전 애인이었다. 깜짝 놀란 표정을 짓자 수사관은 "OOO과 자지 않았냐? 이미 다 진술을 받았다. OOO의 핸드폰을 뒤져보니 당신 이름과 연락처도 있더라" 하며 마구 몰아붙였다.

남성 군인 간의 성관계는 현행법상 범죄이니 두 사람이 성관계한 것 아니냐는 질문은 그 자체로 피의자 신문에 해당한다. 하지만 수사관들은 미란다원칙도 고지하지 않고 범죄 혐의를 캐내다가 장교가 호락호락 대답해줄 것 같지 않자 그제야 진술을 거부할 수 있으며 변호인을 선임할 수 있다는 이야기를 늘어놓았다. 장교가 묵비권을 행사하겠다고 하자 이들은 "떳떳하다면 장교답게 핸드폰을 임의제출하라"라고 압박하며 핸드폰을 제출하지 않으면 소속 부대에 상황을 통보하고 압수수색을 하겠다고 엄포를 놨다. 사실상의 아웃팅 협박인 셈이다. 어쩔 수 없이 장교가 핸드폰을 제출하자 수사관들은 즉석에서 미리 준비해온 포렌식 장비를 돌렸다. 그사이 수사관 하나가 어딘가로 영상통화를 걸었다. 수사관은 화면 속 사람에게 말했다.

"충성, 대대장님. OOO 중사랑 같이 계십니까? 좀 바꿔 주십시오."

곧 화면에 장교의 전 애인 OOO 중사가 나타났다. 수사관은 OOO에게 이 장교를 알지 않느냐고 물었고, OOO은 끄덕였다. 장교는 끝까지 OOO을 모른다 했다. 전화를 끊고도 혐의를 전면 부인하는 통에 수사관들은 일단 철수했다.

수사관이 떠나고 주변에 조언을 구한 장교는 얼결에 핸드폰을 제출한 상황에서 혐의를 부인해보아야 별 소용이 없다는 말을 듣고 다시 수사관에게 연락해 OOO과의 관계를 인정하며 조사를 받겠다고 통보했다. 핸드폰 포렌식 결과를 들고 온 수사관은 전화번호부에서 의심 가는 사람들을 짚어가며 게이인지 아닌지 물었고, 맞는다고 하면 대뜸 둘이 잤는지 물었다. 수사관은 이죽거리며 "어떤 스타일을 선호하냐?", "교제할 땐 성관계를 전제하고 만나냐?", "언제부터 동성애를 했냐?", "민간인 중에도 항문성교를 한 사람들이 있느냐?", "자주 가는 게이 술집 이름은 뭐냐?" 같은 모욕적인 질문도 늘어놨다. 그렇게 할 일을 마친 수사관들은 장교의 핸드폰에서 추려낸 다른 게이 군인들을 찾아 떠났다.

○

2017년, 육군에서 벌어진 대대적인 성소수자 군인 색출 과정에서 수사를 받고 입건된 사람은 23명이다. 사건의 발단은 육군 헌병 중앙수사단 사이버수사팀이 '사이버 군기 순찰'이란 것을 하던 중 군복 입은 남성 두 명이 성관계 하는 영상을 발견, 추적하기 시작하면서다. 이들은 영상 게시자가 현역 병사임을 확인하고 소속 부대로 찾아가 음란물 유포 등의 혐의로 수사를 시작했다. 여기까지는 별문제가 없었다. 그런데 수사관들은 게시자를 취조해 영상에 나오는 다른 사람도 현역 병사라는 것을 알아낸다. 게시자의 핸드폰을 빼앗아 의심 가는 사람들을 짚어가며 성관계를 가졌는지도 추궁했다. 대답을 주저하자 수사관은 함께 외박 나갔던 병사들을 다 불러 한 사람 한 사람 물어보겠다고 협박했다. 핸드폰 기록에는 이름은 모르고 어느 지역에서 근무한다는 것 정도만 확인되는 사람도 있었는데, 수사관들은 해당 지역 인근 부대의 간부들 증명사진을 전부 가져와 선 찾아내라 하기도 했다. 광기 어린 성소수자 군인 색출은 이렇게 시작되었다.

병사의 음란물 유포로 불거진 수사가 갑자기 동성 군인 간 성관계 수사로 바뀌었다. 수사관들은 이전에 수사한 사람으로부터 확보한 게이 군인의 인적정보를 들고 대뜸 부대로 찾아가 “너 게이냐?”, “OOO랑 자지 않았냐?” 등의 질문으로 상대방을 두려움과 혼란 상태에 빠트려 대답을 받아낸 뒤 미란다원칙을 고지하고는 즉석에서 핸드폰을 반강제로 빼앗아 포렌식했다. 종종 함정수사도 벌였다. 수사 대상자로 하여금 게이 데이팅 앱에 접속하게끔 강요한 뒤 군인 간부로 추정되는 사람에게 메시지를 보내 만남을 유도해내는 식이었다. 상대방이 만남을 거부하자 사진이라도 보내달라고 꾀어낸 뒤 찾아가 수사한 경우도 있었다. 간첩 사건을 조작해 민주투사들을 잡아내던 군부독재 시절에나 썼을 법한 위법 수사기법들이다.

수사관들은 수사 대상자들이 사회적으로 차별받는 성소수자라는 점을 교묘히 활용했다. 모욕적 언사와 조롱으로, 아웃팅 협박으로, 협조하면 소문나지 않게 잘 마무리해주겠다는 회유로, 심지어 서로 사귀고 있는 사람들을 둘 다 입건시켜놓고는 이들에게 가스라이팅을 저지르는 방식까지 썼다. 변호인을 선임하겠다고 하면 무마하며 정당한 권리행사를 방해하기도 했다. 당시 수사를 받았던 어떤 이는 수사관을 일러 '말 그대로 악마 같은 사람'이라 표현했다.

군인권센터는 사무실로 찾아왔던 장교를 시작으로 입건되어 수사를 받고 있는 사람들을 일일이 찾아냈다. 한 사람을 찾아내면 그를 수사관에게 말해준 사람과 그가 수사관에게 말해준 사람을 다시 찾아내는 식이었다. 그렇게 찾아낸 23명의 끝 무렵에 A대위를 만났다.

○

A대위는 아직 입건되지 않은 상태였고, 마침 수사관으로부터 만나자는 연락만 받았다고 했다. 일단 상황을 설명한 뒤 임의로 만나는 것은 거절하고 조사할 것이 있으면 정식으로 소환통보를 하게 하라고 조언했다. 변호인 선임도 권했다.

얼마 뒤 소환조사를 한 수사관들은 압수수색까지 진행했다. 압수수색도 엉망진창이었다. 영장에는 수색 대상지로 숙소만 찍혀 있는데 자동차까지 다 털어가다 변호인에게 덜미를 잡혀 압수품을 도로 반납하고 가는 해프닝도 있었다. 이즈음 A대위는 전역을 앞두고 있었다. 변호인들은 전역하면 사건이 민간으로 넘어가기에 군에서 작심하고 벌이는 이 황당하고 어이없는 수사에서 벗어나 비교적 합리적으로 민간 검찰의 판단을 받아볼 수 있을 것이라 했다. 소환에도 응했고 압수수색도 받았으니 당분간 별달리 걱정할 일은 없을 거라 A대위를 안심시키기도 했다.

한편으로 군인권센터는 육군이 A대위를 비롯한 수사대상자들을 함부로 기소하지 못하게 하고자 기자회견을 열어 색출 사건의 전모와 불법수사 상황을 언론에 폭로하기로 했다. 예정된 기자회견 일시는 2017년 4월 13일 오전 10시였다. 으레 그렇듯 전날 오후에 기자들에게 취재 요청서를 보내 미리 일정을 알렸다.

그러곤 기자회견을 한 시간 앞두고 청천벽력 같은 소식을 들었다. A대위가 긴급체포되었다는 소식이었다. 당시 A대위는 출장을 가 있었다. 헌병들이 이른 아침 출장지까지 쫓아가 체포해 간 것이다. 헌병대에 출석해 조사도 받았고 압수수색까지 받은 터에 동성 군인 간에 합의한 성관계를 가졌다는 혐의만으로 중범죄자라도 되는 양 출장지에서 수갑을 차고 끌려갈 까닭은 없었다. 나중에 알아보니 취재 요청서를 받은 기자 중 하나가 국방부에 기자회견 소식을 흘려 사달이 난 것이었다. (이후로 군인권센터는 당일 아침에만 취재 요청을 한다.) 전날 저녁 소식을 접한 육군에서 헌병,

군검찰, 군사법원이 서류를 주고받으며 체포영장을 청구해 발부받기까지 걸린 시간은 고작 40분이었다. 사람을 가두는 일이 이렇게 쉽고 간편하다니, 무법천지란 이런 상황을 두고 이르는 말일 것이다.

체포의 목적은 두 가지였을 것이다. 하나는 외부에 사건을 알린 데 대한 보복, 다른 하나는 같은 이유로 수사를 받고 있는 성소수자 군인들에 대한 엄포. 군인권센터와 연락하면 법이고 뭐고 감옥에 넣을 수 있으니 조심하라는 협박 메시지를 전한 셈이다. 며칠 뒤 육군은 A대위를 아예 구속시키고 기소했다. 군인은 구속되면 전역이 무기한으로 연기된다. 전역을 앞뒀던 A대위도 그랬다.

그렇지만 무리한 체포와 구속으로 사건에 대한 시민들의 분노도 더 커졌다. 국방부 앞에서 매주 집회가 열렸고, 무려 4만 604개에 달하는 무죄석방탄원서가 국방부로 접수되었다. 분노의 흐름 속에 수사를 받은 23명 중 14명이 불기소처분을 받았다. 군인권센터가 사건을 인지하기 전에 이미 1심 유죄 확정판결을 받은 세 명을 제외하면 70%가 기소를 면한 것이다. 그러나 안타깝게도 여섯 명이 재판에 회부되었다. A대위도 그중 하나였다. 무슨 수를 쓰든 어차피 재판 관할이 군사법원이라 유죄판결은 불 보듯 뻔한 일이고, 실제로 그렇게 되었다. A대위는 징역형 집행유예를 받았고,

고민 끝에 항소를 포기했다. 얼마 지나지 않아 나머지 다섯 명도 기소되었다. 그로부터 다시 긴 싸움이 시작된다.

○

서두에 소개한 2017년 10월 27일의 재판은 기소된 5인 중 두 사람을 대상으로 열린 것이었다. 그날 재판에는 수사를 이끌었던 B 준위가 다른 수사관 두 명과 함께 증인으로 출석했다. 쟁점은 위법 수사의 유무였다. 재판을 맡았던 육군 모 군단 보통군사법원은 얼마 뒤 판결에서 헌병 수사 기록을 위법 수집 증거로 보아 증거능력이 없다고 판시했다. 유죄를 판결한 군사법원조차 위법 수사는 인정한 것이다.

그런데 그날 재판에 나타난 수사관은 불법을 저지른 이의 모습이 아니었다. 정장을 빼입고 대기실에서 나와 증인석으로 향하던 그는 빳빳한 자세로 피고인들을 여유롭게 바라보며 자리에 앉았다. 피고석에 있던 이들은 고개를 떨구고 시선을 피했다. 그 자리는 수사관들이 피고를 대상으로 한 위법 행위를 신문하는 자리였는데, 수사관은 떳떳했고 피고들은 괴로워했다. '범죄자'라는 주홍글씨를 뒤집어쓰고 재판장의 한마디에 인생의 향배가 정해지는 처지, 성소수자 군인 두 명은 피고인 자격으로 그 자리에 앉아 있었기 때문이다. 누구에게 피해를 입힌 것도 없는데 그저 피고석에 앉아 있다는 이유만으로 똑바로 고개도 들지 못하던 상황이 얼마나 답답했을지 가늠하기 어렵다. 갑자기 부대로 쳐들어와 다짜고짜 “게이냐?”라고 물으며 핸드폰을 빼앗아 사생활을 추궁당하던 모욕적인 기억이 이들의 존엄을 뭉개고 있었다.

그리고 5년이 지났다. 그사이 네 명의 현역 간부는 1, 2심 군사법원에서 모두 유죄를 선고받고 대법원에 상고했다. 한 명은 기소 직전 만기 전역하여 민간 법원에서 1심 재판을 받았다. 1심 재판부는 이례적으로 무죄를 선고했다. 당시 변호인들은 위헌법률심판제청을 신청했었고, 판사가 이를 받아들일 것이라 예상했었다. 그런데 느닷없이 무죄가 나온 것이다. 재판부는 위헌인지 아닌지는 살필 것도 없이 우리 법에서 ‘추행’이란 합의하지 않은 성관계를 이르는 말이라며 이 사건은 해당이 없다고 판단하고 재판을 끝냈다. 검사는 항소했다. 2018년 2월의 일이다. 그 뒤로는 대법원도, 민간 2심 법원도 아무 절차를 진행하지 않았다. 헌법재판소에도 이 법과 관련한 두 건의 위헌법률심판제청사건과 열 건의 헌법소원이 계류 중이었지만 꿈쩍도 하지 않았다. 당사자들만 피 마르는 시간을 보냈다. 군인은 금고 이상인 형의 집행유예만 선고받아도 즉시 군복을 벗어야 하기 때문이다.

기약 없는 기다림은 2022년 4월 21일에야 끝났다. 대법원 전원합의체는 종전의 판례를 뒤집어 성소수자 군인들에게 유죄를 선고한 원심을 파기하고 무죄 취지로 2심 법원에 사건을 돌려보냈다. 대법원은 “동성 간의 성행위가 객관적으로 일반인에게 성적 수치심이나 혐오감을 일으키게 하고 선량한 성적 도덕관념에 반하는 행위라는 평가는 이 시대 보편타당한 규범으로 받아들이기 어렵게 되었다”라며 “동성 간의 성행위가 그 자체만으로 추행이 된다고 본 종래의 해석은 더 이상 유지하기 어려워졌다.”, “합의에 의한 성행위로 군기를 직접적으로 침해하지 않는 사적인 관계를 처벌하는 것은 헌법을 비롯한 전체 법질서에 비추어 허용할 수 없다”라고 판시했다.(대법원 2022. 4. 21. 2019도3047 전원합의체 판결) 역사적인 판결이었다.

법정에 앉아 같이 판결을 듣고 있던 당사자 한 사람이 말했다. 저 판사가 하는 말이 바로 내가 그동안 하고 싶었던 말이었다고 소리라도 지르고 싶다고. 나는 그가 그렇게 흥분된 모습인 걸 처음 봤다. 기뻐하는 모습이 도리어 아팠다. 성실히 복무하다 느닷없이 5년이란 긴 시간을 죄 같지도 않은 죄로 마음 졸이며 하루하루를 보낸 이에게 그날의 판결이 작은 위로이길 바라면서도, 차별과 혐오가 앗아간 소중한 시간들은 되돌릴 수 없다는 게 너무 분했기 때문이다.

그로부터 얼마 지나지 않아 민간 법원에서 2심을 진행 중이던 이의 기일도 잡혔다. 변론 종결을 예상했다. 법정에 들어서기 전엔 대법원 판례가 있긴 하지만 보통 검사들은 그래도 유죄를 구형하니까, 혹시 검사가 그렇게 해도 크게 신경 쓰지 말라며 당사자를 도닥였다. 재판이 시작되었고, 예상대로 판사는 변론을 종결하고 검사에게 구형을 주문했다. 그런데 갑자기 검사가 주뼛주뼛 자리에서 일어서더니 두 손을 모으고 말했다.

“누군가 이러한 행위에 대해 불만을 가질 수 있고, 윤리적으로 비난할 수도 있지만 검찰 내부 논의 결과 합의된 성관계를 법의 영역에서 다루는 것은 잘못되었다는 결론에 이르렀습니다. 이를 법의 영역으로 가져온 것은 국방부의 잘못된 판단이므로 무죄를 구형하고자 합니다.”

드라마에서나 보던 검사의 무죄 구형이 낯설었다. 무죄, 두 글자를 받아들기까지 이들이 감내한 불안과 두려움이 5년. 대한민국은 충분히 미안해해야 한다. 사과를 받은 건 아니지만 무죄 구형으로 그나마 국가가 취해야 할 최소한의 도리를 보았다. 그렇게 이들이 버텨낸 시간으로 우리는 차별 없는 세상을 위한 또 한 걸음을 빚졌다.

○

수사가 한창일 때의 일이다. 수사를 받던 장교 한 사람이 대체 이런 건 누가 지시해서 하는 거냐고 수사관에게 따져 물었다. 그러자 수사관은 "(육군)참모총장님 직속으로 결재 승인 난 사항으로 동성애자 군인들에 대해 대대적인 조사를 하고 있다"라고 답했다고 한다.

듣고 보니 연결되는 이상한 점이 한둘이 아니었다. 통상적으로 군에서는 범죄자가 식별되면 소속 부대 관할 헌병대로 사건을 넘겨 수사를 맡긴다. 이 사건처럼 중앙수사대 수사관들이 제멋대로 관할을 넘나들면 분란이 생긴다. 관할 헌병대를 부대 지휘관들이 통솔하므로 남의 부대 지휘권을 침해하는 모양새가 되기 때문이다. 그럼에도 중앙수사대 수사관들이 전국을 돌며 임의로 수사를 할 수 있었던 건 육군참모총장의 지시가 뒷받침된 덕분일 것이다.

당시 육군참모총장은 독실한 기독교 신자로 유명했다. 일부 교회에서 성소수자를 차별과 교정의 대상으로 보는 그릇된 인식이 그대로 작용한 것은 아닌지 의심스러웠다. 실제로도 「군형법」상 추행죄 폐지 반대는 차별금지법 제정 반대와 함께 성소수자 혐오 세력이 집중하는 단골 이슈다. 19대부터 21대까지 매 국회 때마다 폐지 법안이 발의되지만 번번이 무산된 데에는 이들의 역할이 크다. 이 사건은 왜곡된 신앙과 성소수자 차별 악법이 만나 제멋대로 굴러가는 군사법·수사체계에 닿으면 어떤 일이 벌어지는지 여실히 보여준 사건이다.

“위국헌신 군인본분(爲國獻身 軍人本分).”

색출된 성소수자 군인 중 한 사람은 “나라를 위해 헌신하는 것이 군인의 본분”이라는 안중근 의사의 말을 카카오톡 상태 메시지로 써놨었다. 누구보다 성실하게 복무하고 국가를 위해 헌신하고 싶은 마음에 적어뒀다 했다. 그런데 그걸 본 수사관이 “이런 놈들도 이런 말을 쓴다”라며 웃었다고 한다. 참으로 악하다.

성소수자 군인들이 국가로부터 평가받아야 하는 것은 가치 지향이지 성적 지향이 아니다. 누구를 사랑하고 어떤 사람을 만나는지는 국가에 대한 충성심과 군인으로서 자질을 평가하는 척도가 될 수 없다. 이제 남은 것은 하나다. 혐오와 차별이 한 사람의 삶을 뭉개는 아픔을 되풀이하지 않도록 「군형법」상 추행죄를 역사의 뒤안길로 보내야 한다. 애초에 이 법은 우리가 만든 법도 아니다. 건국 직후 「군형법」을 제정할 당시 동성 간 성관계를 이유 불문 처벌하던 1940년대 미국 법을 무비판적으로 차용하면서 흘러들어왔을 뿐이다. 이제 대한민국 법전에서 성소수자를 형법으로 처벌하는 후진적 법률은 없어져야 한다. 헌법재판소의 결단이 필요하다. 위헌결정으로 그간 이 법으로 처벌된 죄 없는 성소수자들의 명예를 회복시킬 때다.

고삐 풀린 군대는 어디까지 갈 수 있을까

기무사 민간인 사찰과 '계엄령 문건'

누군가 나의 이메일과 SNS를 다 들여다보고 있다면 기분이 어떨까? 내가 어떤 사람들과 연락을 주고받는지 다 알고 있고, 언제 어디서 무엇을 하는지도 지켜보고 있다면? 무서운 것은 둘째라 치고 나와 관련된 다른 이에게도 피해를 끼치는 듯해 사람을 만나기도 쉽지 않을 것 같다. 그렇게 지내다 보면 점점 일상을 신뢰하기 어려워질 터다.

이명박·박근혜 정부 때만 해도 잊을 만하면 뉴스에 민간인 사찰 문제가 터지곤 했다. 요즘은 안 그럴까? 단언하긴 어렵다. 콕 집어 최근에 누가 사찰을 당했다는 소식을 들어서 그런 건 아니다. 다만 공권력이 마음먹으면 언제든

내 삶을 들여다볼 수 있다는 불쾌한 경험이 자아낸 근심일 뿐이다. 몇 번의 사찰 사건을 거치며 사회 전반에 뿌리내린 트라우마 같은 것이랄까.

민간인 사찰이 횡행하던 시절엔 군인들도 사찰을 당했다. 주로 정부에 비판적 목소리를 내다 입대한 병사들이 표적이 되었다. 누가 정부에 비판적인지 알아내는 방법도 다양했다. 훈련소에서는 매 기수 훈련병들에게 설문지를 돌려 입대 전에 알고 지내던 사람 중에 반정부 활동에 참여한 이를 알고 있으면 이름을 적게 했다. 그럼 그걸 국군기무사령부에서 명단으로 만들어 관리했다. 군 수사기관이나 정보기관에선 평소 SNS를 서치하며 정부에 비판적 글을 쓰는 사람들을 추려놓기도 했다. 집회·시위를 하다 연행되거나 전과가 남은 사람들은 말할 것도 없다. 이런 사람들은 입대와 동시에 소속 부대로 통보가 간다. 불순한 사상을 가졌으니 각별히 유의하여 관리하라는 것이다. 사상이 많이(?) 불순하다고 판단되면 아예 관심병사로 낙인찍어놓고 관리하기도 한다. 그러곤 군생활 내내 뒤를 '탈탈 캔다'.

○

나는 전과가 하나 있다. 입대 직전에 생긴 것이다. 죄명은 ‘일반교통방해’. 이명박 정부 때 국정원이 댓글조작 등으로 선거에 개입하고 민간인을 사찰한 의혹을 진상규명하라는 시위에 참여했다가 사진이 찍혀 벌금형을 받았다. 여담이지만 몇 년 뒤에 찾아보니 나를 기소한 검사는 국정원 댓글조작 사건 수사팀에 속해 있었다. 세상사 참 알 수 없는 일이다.

여하간 이 전과 때문에 입대를 앞두고 주변에서 농반진반 행동을 조심하라는 이야기를 참 많이 들었다. 그땐 ‘내가 대단한 뭘 한 것도 아닌데 걱정도 팔자’라 생각했다. 그러다 자대 배치를 받고 얼마 지나지 않아 동기들과 첫 휴가를 나갈 때였다. 휴가 보고를 받은 간부가 나만 따로 부르더니 웃으면서 한마디 보탰다.

“휴가 나가면 집에 있어라. 어디 싸돌아다니지 말고. 알았지?”

황금 같은 첫 휴가를 나갔는데 집에만 있으라니? 무슨 말인가 싶어 어떤 문제라도 있느냐고 조심스레 되물었다. 그랬더니 그는 애먼 짓 하고 다니지 말라는 얘기였다며 조심히 처신하고 다니라 했다.

‘아, 뭐가 있구나.’ 처음으로 그런 생각을 했다. 그 후로 별일은 없었다. 바삐 군생활을 했고 탈 없이 전역했다. 얼마 지나지 않아 군인권센터에서 일도 시작했다.

그로부터 몇 달 뒤 기무사로부터 사찰을 당했다는 병사를 상담했다. 기무사는 군 정보기관인 '국군기무사령부'의 줄임말로 군사정권 시절에는 '보안사령부'였다. 전두환 씨가 사령관으로 있다가 12·12쿠데타를 주동한 그 부대다. 2018년에 해편되어 '군사안보지원사령부'로 간판을 바꿔 달았다.

기무사로부터 사찰을 당했다던 내담자는 전역일이 얼마 남지 않은 병장이었다. 입대 전 대학에서 학생운동을 했다고 그랬다. 사찰당한 걸 어떻게 알았냐고 물어보니 말년 휴가를 나오기 전 기무부대에서 조사를 받으며 확인한 것이라 했다. 조사받을 때의 사건명은 무시무시하게도 '국가보안법 등 위반 내사 사건'. 그런데 막상 수사관을 만나서 들은 혐의 사실은 거창한 사건명이 무색해지는 것뿐이었다고 한다. 휴가를 나가 공개적으로 열린 대학생 연합 동아리 행사에서 지인을 만난 것이 첫 번째, 내담자가 군 입대 전 했던 활동을 주제로 본인이 아닌 지인들이 시민을 상대로 캠페인을 펼친 것이 두 번째 혐의였다.

그런데 수사관의 질문을 들어보니 자신의 일거수일투족을 너무 상세히 알고 있다는 느낌을 받았다고 내담자는 말했다. 수사관은 내담자가 휴가 중에 어느 동네에서 누구를 만나 무엇을 했는지, 어느 길을 걸었는지, 심지어 어느

ATM에서 누구에게 돈을 얼마 송금했는지까지 소상히 꿰고 있었다고 한다. 미행을 하지 않고서는 도무지 알 수 없는 내용이라는 것이다. 게다가 수사관은 내담자에게 두 장의 통지서도 건넸는데 하나는 '통신사실 확인자료 제공 요청 허가서 집행사실 통지'였고, 다른 하나는 '전기통신 압수·수색·검증영장 집행사실 통지'였다. 기무사는 이를 통해 각종 포털사이트 이메일 내용, 이메일 계정에 저장된 주소록, 웹하드, 블로그, 카페 등에 저장하거나 게시한 자료들, 다른 사람과 주고받은 문자 메시지, 통화 내역, 연락을 주고받은 사람들의 핸드폰 번호, 발신기지국 위치추적 자료 등을 모두 들여다봤다. 둘 다 2015년에 집행이 끝난 건들이었다. 기무사는 이미 오래전부터 내담자를 사찰하고 있었던 것이다.

내담자가 입대한 건 2014년 말이었는데, 이들이 사찰한 정보는 입대하기 전부터 입대 이후의 시기를 망라하고 있었다. 내담자는 입대하기 전 학생운동에 몸담았던 터라 입대 후로는 각별히 조심하는 마음으로 집회가 열리는 곳 근처에는 얼씬도 한 적이 없다고 했다. 딱히 의심 살 행동을 한 적도 없는 사람을 기무사는 '국가보안법 위반'이라는 무시무시한 딱지를 갖다 붙여 내사 대상자로 만들어놓곤 2년 가까운 시간을 까닭 없이 사찰했던 것이다. 그것도 속속들이, 주변 사람들까지 다.

얼마 지나지 않아 이 사건은 무혐의로 내사 종결되었다. 탈탈 털어도 엮을 게 없으니 당연한 일이다. 다만 몰래 따라다니며 조사했던 것이 아까웠는지 소속 부대로 징계의뢰서를 보냈다. 대학생 연합 동아리 행사에 들렀던 것을 정치적 중립의무 위반으로, 지인들이 본인과 관련한 캠페인을 벌친 것을 품위유지의무 위반으로. 그렇게 '국가보안법 위반 내사 사건'은 휴가 제한 3일 징계로 끝났다.

○

사건을 공론화한 뒤로 괜히 찝찝한 마음이 들었다.

'혹시 나도 휴가 때 누가 쫓아다녔던 것은 아닐까?'

헤아려보니 휴가라고 나가서 한 일이 고작해야 친구들 만나 논 일뿐이라 걸릴 건 없었지만 누가 내 뒤를 밟고 통신 내역을 들여다보고 있었을지 모른다 생각하니 영 기분이 좋지 않았다. 그래서 밑져야 본전이란 생각으로 국방부에 정보공개청구를 해봤다. 입대 전, 군복무 중, 전역 후로 시기를 나누어 각 기간 동안 나에 대해 내사한 자료가 있다면 그 내역을 공개하라 청구했다. 그리고 얼마 뒤 '비공개' 통지를 받았다. 수사에 관한 사항이란 이유였다. 정보

공개청구를 하면 행정청은 공개, 비공개, 부존재 셋 중 하나의 결정을 내린다. 정보를 공개할 거면 '공개', 정보가 있지만 법률 요건에 따라 공개할 수 없는 자료는 '비공개', 그런 정보가 없으면 '부존재'를 통지한다. 그런데 부존재가 아닌 비공개를 통지했다는 건 내사를 했다는 얘기가 아닌가. 소름이 돋았다.

그 뒤로 행정기관의 정보제공 요구에 다소 예민해졌다. 종종 통신사에 수사기관의 통신자료 제공 내역 확인도 해본다. 중요한 얘기를 문자메시지로 나누는 것도 피하게 된다. 죄 진 것도 없이 괜히 스스로를 검열하고 산다. 뭐 잘못한 것이 있느냐고 반문할 수 있겠다. 그러나 겪어본 사람은 안다. 그게 무엇이건 간에 누가 내 일상을 들여다보는 건 기분 나쁜 일이니까 그리 된다. 사찰이 남긴 그늘은 이토록 짙고 어둡다. 그것이 직접적이건 간접적이건 우리 사는 세상에 사찰이 존재한다는 걸 알았을 때와 몰랐을 때의 삶은 달라질 수밖에 없다.

공권력이 시민을 사찰하는 일은 단순히 사생활의 비밀을 침해하는 수준의 문제에 머무르지 않는다. 사찰은 공권력과 시민이 맺고 있는 신뢰 관계를 무너뜨린다. 그것도 일방적으로. 그리고 신뢰가 사라진 자리엔 공포가 스며든다. 정보기관들이 사찰한 결과를 감추지 않고 보란 듯 대상자에게 보여주고, 기획 사건으로 대대적으로 터트리는 건 사람들을 두렵게 만들기 위한 전술 중 하나다. 한번 스며든 공포는 쉽게 사라지지 않고 공권력은 그 공포를 먹고 자라나 시민의 통제 범위를 벗어난다. 그렇게 형성된, 누군가의 삶을 통제할 수 있다는 그릇된 자신감은 공권력의 무한한 팽창으로 이어지게 된다.

기무사도 그랬다. 기무사는 이명박·박근혜 정권을 거치며 군사독재 시절에 그랬듯 영향력을 키워내는 데 성공한 것으로 평가받는다. 이명박 정권하에서 기무사령관은 국방부장관을 거치지 않고 대통령을 독대할 수 있었다. 전 정권인 노무현 정권에서는 기무사령관의 대통령 독대를 허용치 않았는데, 이명박 대통령이 이를 부활시켰다. 기무사에서 오랜 시간 복무했던 한 간부의 말에 따르면 이 대통령은 검찰, 경찰, 국정원, 기무사 중 기무사에서 올리는 보고서를 가장 마음에 들어하며 신임했다고 한다. 박근혜 정권하에서는 기무사령관이 대통령 대신 국가안보실장을 독대했다고 전해진다. 이 시기의 기무사는 조직도 커져서 육·해·공군 연대급 이상 부대마다 기무 부대를 두는 건 기본이고 대놓고 전국 각지에 소위 '60단위 부대'라는 것을 차려 민간인들을 대상으로 공작을 벌였다. 인천 지역은 601부대가, 서울 지역은 602부대가 관리하는 식이었다. 이 '60단위 부대'는 미행, 도·감청, 매수 등 갖가지 수단을 동원해 진보 단체들을 사찰한 주범이기도 하고, 이들이 세월호 참사 당시 유가족을 사찰한 사실도 익히 밝혀진 바 있다. 모두 법령이 규정한 군 정보기관의 권한 범주를 넘어서는 일이었다. 이처럼 기무사의 그릇된 자신감은 '우리는 무엇이든 할 수 있다'라는 비뚤어진 결론으로 무한히 뻗어갔다.

○

2017년 겨울, 익명의 제보가 들어왔다. 2016년 박근혜 탄핵 촛불시위가 한창일 때 기무사가 군대를 동원해 시위대를 진압할 계획을 세웠다는 제보였다. 제보에는 2016년 11월 군 내부에서 작성된 병력 투입 검토 문건의 내용을 옮겨 적은 문서가 포함되어 있었다. 제보 문건에 따르면 「위수령」을 근거로 시위 진압에 군대를 투입할 심산이었던 것으로 보인다. 사실 그 이전에도 군대 투입설이 돌기는 했었다. 당시 더불어민주당 당대표였던 추미애 전 법무부장관이 2016년 11월 18일 자로 박 대통령이 계엄령을 준비하고 있다는 정보가 돈다며 발언한 것이 시발점이었다. 낭설로만 돌던 이야기가 제보로 들어오니 놀라울 뿐이었다. 사실이라면 엄청난 일인 터라 조심스럽게 진위여부를 확인해보기로 했다. 확인 과정에서 복수의 내부 관계자들을 통해 박근혜 대통령 탄핵소추안이 국회를 통과하기 전 이미 「위수령」을 근거로 수도방위사령부 예하 부대를 청와대 인근에 투입할 계획이 세워졌다는 것 정도는 파악할 수 있었다.

그래서 2018년 3월 8일, 일단 이 사실을 먼저 언론에 알렸다. 천만 시민이 거리로 나왔던 시위에 군부대를 투입하려 했다는 사실이 드러나자 많은 국민이 분노와 충격에 빠졌다. 정치권도 술렁였다. 며칠 뒤엔 더불어민주당 소속 이철희 의원이 〈병력 출동〉, 〈위수령에 대한 이해〉라는 두 건의 문건을 확보해 언론에 공개했다. 이 문건은 국방부가 당시 시위에 군대를 투입하기 위해 필요한 법적 근거를 따져본 법률 검토 보고서였다. 이처럼 정황은 점차 사실로 굳어졌다. 하지만 3월 21일, 국방부는 조사 결과 촛불시위를 무력으로 진압하기 위해 병력동원 등을 검토한 증거는 발견할 수 없었다며 시대착오적 「위수령」은 폐지를 검토할 계획이라는 것만 발표했다. 의혹은 유야무야 사그라들었고, 이때까지만 해도 지금은 익히 알려진 〈기무사 계엄령 문건〉의 존재는 아무 데도 알려진 바가 없었다.

나중에 확인한 것이지만, 기무사는 3월 8일 군인권센터가 기자회견을 열자마자 발칵 뒤집혔다고 한다. 아무도 계엄령 문건 얘기를 하지 않았는데 도둑이 제 발 저리듯 난

리가 났던 것이다. 문건 작성에 참여한 기무사 고위관계자들은 소위 '가스라이팅'을 하기로 중지를 모았던 모양이다. 이들은 문건의 존재를 숨기지 않고 도리어 새로 부임한 이석구 기무사령관을 찾아가 문건이 담긴 USB를 노트북에 꽂아 보여주면서 별것 아닌 듯 둘러댔다고 한다. 사령관은 끄덕였으나 내심 놀라 USB를 받아들곤 며칠 뒤 송영무 국방부장관에게 문건의 존재를 알린 것으로 전해진다. (무슨 보고가 어떤 내용으로 오갔는지는 알 수 없다.) 이후에는 USB를 다시 문건 작성에 관여했던 이들에게 돌려준다.

계엄령 문건은 애초 정상적 절차를 밟아 만들어진 것이 아니었다. 계엄령 검토나 계엄 상황 대비는 기무사의 업무 범위가 아니기 때문이다. 계엄 관련 사무는 합동참모본부 소관이다. 그러니 정상적으로 조직을 꾸려 예산을 편성할 수가 없었다. 탄핵 촛불시위가 막바지로 접어들던 2017년 2월 17일 낮, 국방부로 들어가 한민구 국방부장관을 만나고 온 조현천 기무사령관은 측근들을 불러 계엄령 검토를 지시하고 이튿날 '미래방첩업무 발전방향 TF'라는 위장 TF를 꾸려 별도 사무실을 내어서 14명의 요원을 배정했다.

이 사무실에는 국방 인트라넷망, 기무 인트라넷망을 설치하지 않았다. 요원들도 민간에서 쓰는 인가되지 않은 노트북으로 문서 작업을 했고 서로의 작업물은 USB를 돌려

쓰며 공유했다. 군부대 내에서는 이런 식으로 비인가 노트북이나 USB를 쓰지 않는다. 계엄령 문건 작성이 얼마나 비밀리에 진행되었는지 알 수 있는 대목이다. 사정이 이렇다 보니 문건도 USB 형태로 남아 있었던 것이다. 문건 작성 관계자들은 국방부가 촛불시위 무력 진압의 증거를 찾아내지 못했다고 발표하자 안심했던 것으로 보인다. 문건 작성에 깊숙이 관여했다고 알려진 기무사 참모장 A소장은 이석구 기무사령관에게서 돌려받은 USB를 사무실 금고에 넣고 봉인했다.

그리고 3개월이 지난 2018년 7월 초, 계엄령 문건 TF에 참여했던 C소령이 B준장을 찾아간다. C소령은 아무래도 불안하니 USB를 파기하자는 제안을 한다. B준장도 이에 동의하며 A소장을 찾아가 USB를 받아냈고 이를 C중령에게 넘긴다. 그러나 C중령은 USB를 파기하지 않고 자기 책상서랍에 몰래 보관했다.

그즈음 익명의 제보자가 계엄령 문건을 제보했다. 7월 5일에는 JTBC가, 7월 6일에는 군인권센터가 각각 문건을 폭로했다. 문건에는 헌법재판소의 탄핵심판 결과에 따른 계엄 발동 시나리오, 국회의 반대를 무력화할 계획, 시위대를 진압하기 위한 전술, 계엄 발동 이후의 국정원·검찰·경찰 등 권력기관에 대한 지휘 통솔 계획, 계엄군 출동 대상

부대와 진출로 등이 소상히 적혀 있었다. 무엇보다 계엄사령관, 합동수사본부장 등을 누가 맡아야 하는지에 대한 검토가 구체적으로 담겼다. 본래 법령상 계엄사령관은 군령권자인 합동참모의장이 당연직으로 맡게 되어 있다. 그런데 기무사는 계엄사령관을 합참의장이 아닌 육군참모총장이 맡게끔 설정해놓고, 이를 뒷받침하기 위한 근거를 열거해두었다. 계엄사 주요 보직도 모두 육군이 독식하는 구조였다. 여러모로 '단순 검토'라 보기 어려운 부분이 많았다. 문건은 명백한 '실행 계획'이었다.

문건이 공개된 뒤로 부글부글 끓는 여론 속에 문재인 대통령은 민-군 합동수사단 구성을 지시했다. 합동수사단장은 민간은 특수통으로 알려진 노만석 검사가, 군은 전익수 공군본부 법무실장이 공동으로 맡았다. 그러나 수사는 시작부터 난항이었다. 문건 작성의 총책임자였던 조현천 전 기무사령관은 미국으로 도주한 뒤였고, 주요 피의자들은 서로에게 책임을 떠넘기기 바빴다. 수사 초기 조 전 사령관은 합동수사단에 서면을 보내 계엄령 검토는 모두 한민구 전 국방부장관의 구체적 지시에 따른 일이라 진술했다. 물론 한 전 장관은 부인했고, 조 전 사령관은 서면 진술을 끝으로 완전히 잠적해버렸다.

합동수사단도 의지를 가지고 수사를 끌고 가지 않았다.

주요 피의자인 조 전 사령관이 도주했다는 말만 앵무새처럼 반복하면서 나머지 피의자들을 한 번 정도씩 소환하더니 2018년 11월 7일, 갑자기 수사를 마무리해버린다. 조현천 전 기무사령관은 신병 확보 때까지 기소중지, 박근혜 전 대통령, 황교안 전 총리, 김관진 전 국가안보실장, 박흥렬 전 대통령 경호실장, 한민구 전 국방부장관, 장준규 육군참모총장 등 나머지 피의자들은 참고인중지 처분을 받았다. 군대를 동원해 헌정질서를 파괴하려 한 중대한 내란음모 혐의를 수사하면서 주요 피의자 신병 하나를 확보하지 못해 수사를 중단시킨 것이다.

이후로 군인권센터는 계엄령 문건 수사가 부실하게 진행되었음을 지적했고, 추가 제보도 여럿 받았다. 2018년에 폭로된 계엄령 문건은 최종본이 아니었다며 검찰이 USB를 포렌식해 확보한 최종본을 제보한 사람도 있었다. 조현천 전 기무사령관 등 문건 작성에 관여한 기무사 고위급인사들의 탄핵 정국 당시 관용차 운행기록도 확보했다. 운행기록에 따르면 탄핵이 한창일 때 청와대와 국방부를 오가던 조 전 사령관은 탄핵심판 사흘 전인 3월 7일 부암동에 있는 기무사령관 안가에서 장시간 누군가와 회동을 가진 것으로 파악된다. 같은 시간 사령관은 안가에 있는데 차량만 용산역과 서울역을 오간 기록도 있다. 3월 9일에 계엄사령부를 설치하기로 예정되어 있던 수도방위사령부 B1문서고에 기무사령관용 기무 인트라넷망을 설치했다는 제보도 들어왔었다. '계엄령 문건 최종본'이라 제보된 문건에는 계엄령 선포문 양식에 결재자로 대통령(권한대행)이 찍혀 있었다.

그뿐인가. 최순실 국정농단 사태가 본격적으로 시작되기 전부터 이미 박근혜 청와대에서 '희망계획'이란 이름으로 북한 급변 사태에 대비한 남한 지역 계엄선포 계획이 검토되고 있었다는 제보도 구체적 문건과 함께 입수되었다. 제보를 받으면서 도대체 어떤 일이 모의되고 어떤 일이 우리를 기다리고 있었는지 헤아리다 보면 현실감이 전혀 들지 않을 때가 많았다.

이렇게 첫 폭로 이후 1년여에 걸쳐 탄핵심판을 앞두고 있었던 일들이 퍼즐처럼 맞춰졌지만, 끝내 수사기관은 조 전 사령관의 신병을 확보하지 못했다. 온 국민을 충격에 빠트렸던 내란음모 사건은 합동수사단 해산 이후 서울중앙지방검찰청에 이첩되어 계속 잠자고 있었다.

그런데 윤석열 정부 출범 이후인 2022년 9월, 조 전 사령관은 갑작스럽게 미국 현지 변호인을 통해 수사기관과 귀국 일정을 조율하겠다는 입장을 밝혔다. 같은 날, 여당인 국민의힘은 기무사의 계엄령 문건 작성은 문제가 없었고, 세월호 유가족 사찰 역시 사실이 아니라는 취지로 군인권센터 소장 등을 군사비밀누설 등의 혐의로 고발했다. 국민의힘은 2018, 2019년 2회에 걸쳐 같은 취지로 동일 인원을 고발하였지만 검찰은 계엄령 문건의 위법성을 인정하며 불기소 처분을 한 바 있다. 조 전 사령관의 재등장과 국민의힘의 계엄령 문건 사건 뒤집기 시도가 같은 날 이루어졌다는 것이 우연이라면 놀라운 일이 아닐 수 없다.

○

계엄령 문건 폭로 이후 기무사는 해체되어 역사 속으로 사라졌다. 대신 조직을 줄여 '군사안보지원사령부'가 창설되었다. 사실상 기무사가 그대로 안보사가 된 격이라 반쪽짜리 개혁이란 비판이 쇄도했지만, 어찌 되었든 일선 부대에선 기무사 요원들의 기세가 한풀 꺾였다는 반응이 나온다. 원래 기무사 요원들은 사복을 입고 다녔는데 요즘은 군복을 갖춰 입고 다니고 조직과 예산도 예전만 못하다는 것이다. 민간인 사찰의 본산이었던 '60단위 기무부대'도 모두 해체되었다. 군사독재 시절 만들어져 치안 업무에 군을 투입할 근거가 되어온 악법, 「위수령」도 폐지되었다. (다만 윤석열 정부 출범 이후 군사안보지원사령부는 방첩사령부 등으로 명칭을 재변경하고 조직을 해편 진 수준으로 확대, 강화하려는 시도를 보이고 있다.)

그러나 계엄령 문건의 진실은 밝히지 못했다. 21세기 대한민국에서 겁도 없이 탱크를 몰고 서울시내 한복판에 진입하여 통신을 차단하고 시민들을 무력화하고 총칼로 시위를 진압해보겠다는 참담한 발상은 하루아침에 만들어진 것이 아니다. 대한민국에는 적어도 1987년 민주화 이후 수십 년에 걸쳐 형성된 사회적 합의의 틀이란 것이 있었다. 그럼에도 기무사는 국민의 일상을 사찰하여 통제할 수 있다는 그릇된 믿음과 병사들의 뒤를 캐던 치졸한 나날을 쌓아 그 틀을 지워버리려 했다. 그렇게 사회적 합의의 틀을 조금씩 깨고 뭉개면서 만들어낸 균열이 권력을 지키기 위해선 수단과 방법을 가리지 않아도 된다는 외람된 공감대가 되어 계엄령 문건의 모습으로 나타난 것이다.

모든 개혁이 그렇듯 아무리 제도를 바꿔도 신상필벌(信賞必罰)이 온전치 못하면 비슷한 일이 반복될 위험을 막을 수 없다. 제도를 경영하는 것은 결국 사람이기 때문이다. 엉성한 개혁이 반복될수록 그 틈새를 이용하려는 이들의 수법도 교묘해진다. 그렇기에 계엄령 문건 폭로는 성과 못지않게 무거운 짐 또한 우리에게 남겼다.

계엄령 문건을 폭로하고 난 뒤로 그런 말을 한 사람이 있었다. 설령 정말로 그 계획을 세웠다고 한들 요즘 같은 시대에 어떻게 군이 계엄령을 선포할 수 있었겠느냐고. 이런 안이한 마음도 애써 쌓아온 민주공화국의 틀을 좀먹는 병폐다. 군대를 국민의 군대로 두고 싶다면 감시와 노력도 계속되어야 한다.

3장 세 질문

'군대는 원래 그런 데야.'

요즘 그렇게 대충 퉁치고 말던 군대 이야기에 관심을 갖는 사람이 많다. 예전엔 보이지 않던 것들이 보이니 그런 것일 수도 있겠다. 좌충우돌 군대와 싸워온 이들의 이야기를 되짚다보니 몇 가지 질문이 떠오른다. 한 번은 정리해야 할 이야기들. 다음의 변화를 이어 꿰려면 꼭 필요한 물음들. 우리가 함께 고민해야 할 대답들.

군대 이슈를 망가뜨리는 주범은 누구인가?

병역 문제에 침 바르는 영리한 포퓰리스트들

2015년, 골프 선수 A씨의 입영 연기 이슈가 스포츠계의 화두였다. A씨는 한국 국적 선수로서는 드물게 두 번이나 PGA 투어에서 우승하는 등 한국 남자 골프의 위상을 높이는 데 크게 기여한 선수로 평가받았다. 그러나 병역의무를 피해 갈 수는 없었다. 2014년, 그는 더 이상 입대를 미룰 수 없는 처지가 된다. 「병역법」상 대학원 재학을 사유로 입대를 미룰 수 있는 만 28세를 넘겼기 때문이다. 그런데 그는 재차 입영 연기를 신청한다. 사유는 '영주권자의 해외 체류'.(PGA 투어 우승자는 미국으로부터 영주권을 받는다.) 영주권자는 조건을 갖추면 37세까지 입영 연기를 신청할 수 있다.

얼마 뒤 병무청은 입영 연기 신청을 반려했다. 한국 대학원 재학을 이유로 입영을 연기해온 선수가 갑자기 미국 체류로 연기 사유를 바꾼다는 것이 사리에 맞지 않는다는 점, 법령 규정에 따라 연간 6개월 이상 국내에 체류한 사람은 국외 거주자로 보지 않는다는 점이 처분의 이유였다. 그는 처분에 불복하며 2016년 올림픽에 출전할 수 있도록 입영을 연기해달라고 행정소송을 제기했으나 패소했다. 병무청의 손을 들어준 재판부는 판결문에 "입영을 앞둔 젊은이들의 꿈은 누구나 소중한데 이 경우만 입영을 미뤄서 내년 브라질올림픽에 출전시킨다면 형평성의 원칙이 더 훼손될 것", "출중한 선수로서 금전적인 손실을 피하기 위해서 자의적으로 병역 이행 시기를 조정하는 것은 형평성에 어긋나는 것"이라 판시했다. 그는 결국 그해에 입대했고, 병역 의무를 마친 뒤 다시 필드를 뛰고 있다.

체육 선수의 병역 이슈는 스포츠 뉴스의 단골소재 중 하나다. 대부분 이른 나이에 커리어를 시작하기에 이 선수들에게 입대 시기는 중요한 문제다. 한창 경기를 뛰어야 할 나이에 군에 가면 실력이 유지되기도 어렵고 현역으로 뛸 수 있는 시기가 그다지 길지 않아 시기를 잘못 택하면 손해가 이만저만 커지는 게 아니기 때문이다.

이런 사정을 참작한 것일까. 「병역법」에는 체육 분야 우수자가 입영을 연기할 수 있는 제도가 마련되어 있다. 대한체육회장이 추천한 국가대표 선수, 국내 전국대회에서 한국 신기록을 수립한 선수, 국위 선양에 현저한 공이 있는 선수 중 문화체육관광부 장관이 추천한 사람은 만 27세까지 입영을 연기할 수 있다. 우수자가 아니면? 그래도 입영 연기를 신청할 방도가 없지는 않다. 대학생은 4년제 기준 만 24세(학제 및 학과에 따라 최소 만 22세에서 최대 만 27세)까지, 대학원생은 과정 및 학과에 따라 최소 만 26세에서 최대 만 28세까지 입영을 연기할 수 있다. 이 외에도 각급 학교 입학시험 응시자 및 졸업예정자, 공무원시험 응시자, 자녀 출산 및 양육, 창업 등의 다양한 사유로 입영을 연기할 수 있다. 다만 국외 체류를 제외한 대부분의 경우 연기 가능 시점은 최대 만 28세까지다.

체육 선수 못지않게 입영 연기에 관심이 많은 이들이 있다. 남자 아이돌이다. 체육 선수와 마찬가지로 10~20대가 주된 활동 시기기 때문이다. 대부분의 연예기획사는 그룹을 만들 때부터 멤버들의 병역 이행을 위한 로드맵을 짜놓는다. 적절한 시기에 대학이나 대학원에 진학시키거나, 장기 해외 투어 일정을 계획하는 건 익히 알려진 합법적인 연기 방식이다. 그러나 어찌되었든 군대에 안 갈 수는 없다. 대부분 만 28세가 넘으면 입대를 준비한다.

그런데 최근 약간의 변화가 생겼다. 2020년 여름, '방탄소년단'의 입대 문제가 뜨거운 감자로 떠오른 것이 계기다. 멤버 중 맏형인 진이 더 이상 병역을 미룰 수 없는 만 28세를 앞두고 있었기 때문이다. 현행법이 정하는 바를 넘어 전성기를 구가하고 있는 방탄소년단 멤버들의 입영을 연기해줘야 한다는 여론이 일었다. 한편에서는 아예 병역을 면제해줘야 하는 것이 아니냐는 주장도 분분했다. 인기 많은 아이돌이라는 이유로 입영을 연기해주는 것은 부당한 특혜라는 반론도 만만치 않았다. 논란 속에서 국회는 「병역법」 개정 논의에 착수했다.

법안을 대표 발의한 모 의원은 개정 필요 사유로 "K-POP의 영향력이 커지고, 아이돌 그룹이 단독으로 생산해내는 경제효과가 연 5.6조 원에 달한다는 분석 등을 통해 문화 분야의 해외 진출에 말미암은 대한민국의 대내외적 위상 제고가 증명"되는 가운데 "(병역 이행) 시기 조정이 되지 않을 경우 젊은 청년들의 기회 박탈뿐 아니라 국가 이미지 제고의 관점에서 불합리한 면"이 있다고 밝혔다. 현행법상 대학생과 대학원생이라는 이유로 입영 연기를 해주고 체육 분야도 연기 혜택을 주는데, 대중문화예술 등에서 활약하며 성과를 내는 청년들에게는 다른 집단과 동등한 수준의 권익을 보장해주지 못하고 있다는 지적을 하기도 했다. 그러면서 "대중문화예술 분야 우수자로 문화체육관광부장관이 대한민국의 대내외적 국가 위상과 품격을 높이는 데 크게 기여했다고 인정하여 추천한 사람"을 입영 연기 신청 가능 대상자에 추가하자고 제안했다. 국회는 2020년 12월, "대한민국의 대내외적 국가 위상과 품격을 높이는 데 크게 기여했다고 인정"할 수 있는 추천 기준을 시행령에 위임하는 것으로 하고 개정안을 통과시켰다. 시행령은 대중문화예술인 중 문화훈장이나 포장을 받은 사람으로 추천 대상자를 한정했다. 현재까지 문화훈장이나 포장을 수훈한 아이돌은 방탄소년단이 유일하다. 2020년에 통과된 「병역법」 개정안은 사실상 '방탄소년단 병역 연기법'이나 다름없는 것이다.

병무청에 따르면 입영 연기를 신청한 사람은 2020년 7월 말 기준 25만 1,000여 명이며 이 중 대부분인 25만여 명이 대학생이거나 대학원생이다. 그 밖의 사유로 입영을 연기한 사람은 1,000명 안팎으로 소수다. 이 중 개정법에 따라 신설된 대중문화예술 우수자와 비슷한 성격을 지닌 체육 분야 우수자로 입영을 연기한 사람은 2020년 한 명, 2019년 다섯 명, 2018년 네 명, 2017년 일곱 명, 2016년 두 명 등으로 연평균 다섯 명 정도고, 최근 5년간의 입영 연기자는 모두 대한체육회장이 추천한 사람들이었다. 통계상으로나, 준비되고 있는 제도의 내용상으로나 장차 대중문화예술 우수자로 문화체육관광부장관의 추천을 받아 입영 연기를 신청할 사람은 극소수일 것으로 예상된다.

2015년, 대법원은 입영을 앞둔 젊은이들의 꿈은 누구나 소중한데, 누구는 입영을 연기해주고 누구는 연기해주지 않으면 형평성에 어긋난다고 판결했었다. 그리고 2020년, 국회는 누군가의 입영을 연기하기 위해 법을 바꿨다.

○

유명인의 병역 문제를 바라보는 관점은 늘 복잡하다. 돈 있고 백 있는 사람들이 요리조리 병역을 면탈하는 데 분노하면서도 한편으로 능력 있는 이들이 군에서 젊음을 저당 잡히는 걸 안타까워한다. 나는 다녀온 군대를 누군가 특혜로 빼는 데서 오는 박탈감과 직접 군생활하며 겪은 박탈감이 뒤섞이기 때문이다. 이슈가 터질 때마다 한두 사람에게나 해당할 내용으로 특별법 만들듯 「병역법」을 땜질하는 이유도 그렇다. 복잡한 국민정서를 건드려가며 제도 전반을 뜯어고치긴 어렵고 부담스러우니 국민이 납득할 만한 수준에 도달한 이들만 골라 합법적으로 병역을 면하거나 미룰 수 있는 사람으로 만들어주는 것이다.

나는 입대를 앞둔 방탄소년단 멤버가 헤아려보았을 고충에 공감하고, 인생에서 다시 오기 어려울 전성기를 만들기 위해 고군분투하는 모든 남자 아이돌의 절박함에 공감한다. 동시에 도처에서 각자의 긴요한 사정으로 입영을 연기할 방도를 찾으며 발을 동동 구르고 있을 20대 남성들의 곤란함에도 공감한다. 그래서 법을 만드는 이의 섬세함을 또한 생각하지 않을 수 없다.

법률 개정 전까지 직업적 성취를 이유로 입영을 연기할 수 있었던 사람은 체육 선수뿐이었다. 그때도 수많은 이가 되물었다. "왜 나는 안 되는데?" 그 물음에 대한 답이 매번 파편화된다면 장차 또 다른 이들의 같은 물음에 어떻게 대답할 셈인가. 그때마다 법률을 개정해 입영 연기 신청 가능 대상자를 추가해줄 것인가. 누구는 대통령으로부터 훈장을 받아 30세까지 병역을 연기할 수 있고, 누구는 같은 일을 하면서도 훈장을 받을 만한 성과를 내지 못해 28세까지만 병역을 연기할 수 있고, 누구는 소위 '국위선양'의 분야에서 일하지 않아 사정이 있어도 병역을 더 연기할 수 없다면 이 법은 섬세하게 만들어진 법이 아닌 것이다. 제도가 누군가의 기회를 제한하고 있다고 생각한다면 기회의 문은 보편적 방향으로 열어주는 것이 옳다.

병역의무를 이행할 생각이 있고 그럴 만한 사유가 있다

면 법률이 정한 만 30세 기한 내에 원하는 시기에 병역을 이행할 수 있게끔 제도를 정비해야 한다. 현행 법령상 기타 부득이한 사유로 입영 일자 연기 신청서를 제출한 사람은 그 사유가 합당하다면 심사를 거쳐 3개월의 기간 내에서 입영을 연기할 수 있다. 연기 사유가 계속되면 1회에 한하여 3개월을 추가로 연기할 수 있다. 이를 제한된 기간 내에 연기 신청의 횟수를 제한하지 않는 방향으로 개정하면 대부분의 문제가 해결된다. 별달리 큰 문제도 예상되지 않는다. 입영 연기 기준을 완화해준다고 많은 사람이 한꺼번에 입대를 최대한 미뤄 병력 수급 체계가 무너진다든지, 결국 해외로 도주해 병역을 면탈할 것이란 우려는 현실성이 없다. 사회풍토상 대부분의 직군에서 커리어를 시작하기 전에 병역의무를 마칠 것을 요구하고 있어 학업 이외의 사유로 과도하게 늦은 나이까지 입영을 연기하는 이들은 애초에 많지 않다. 이는 앞서 살펴본 통계로도 입증되는 사실이다.

전반적 병무 행정의 방향 전환도 고민해야 한다. 지금의 제도는 병역의무 이행 시기와 관련한 개인의 사정을 충분히 배려하지 않는다. 법의 빈틈을 파고들어 병역을 면탈하는 사람을 막는 건 물론 중요한 일이지만 기본적으로 병역의무대상자에 대한 불신이 너무 크다. "입영을 앞둔 젊은이들의 꿈은 누구나 소중하다"라던 대법원 판결은 우리 제도가 장차 더 많은 젊은이의 소중한 꿈을 제도적으로 보호해주는 방향으로 나아가야 한다는 해석으로 이어져야 한다. 정치는 더 많은 이의 삶을 제도의 영역으로 불러내는 일이기 때문이다.

방탄소년단의 입대 문제는 청년들이 살아가는 다양한 모습을 병무 행정 전반에 반영할 좋은 기회다. 정치가 그 기회를 이상한 방식으로 소모하고 있을 뿐이다. 국회는 당사자가 요구한 적도 없는 엉성한 법률로 젊은 예술인의 어깨에 부담감만 얹어주고 말았다. 제도가 옥죄는 삶의 면면은 살피지 않고 분분한 말만 쫓는 정치는 게으른 포퓰리즘 그 이상도 이하도 아니다.

○

그러나 또한 정치가 그걸 몰라서 병역 문제를 겉핥기로 다룬다고 여기진 않는다. 정치는 병역이 한국인의 역린이란 걸 잘 안다. 병역 문제는 잘나가던 대선 후보를 고꾸라트리기도 하고, 유수 기업의 매출을 쪼그라트리기도 하며, 어제의 스타를 오늘의 역적으로 만들기도 한다. 그래서 조금 영리한 이들은 이걸 이용해 콩고물을 얻어 먹을 궁리에 바쁘다.

병역 이슈로 재미를 보려는 이들이 수시로 건드리는 것이 또 하나 있다. 선거철만 되면 나타나는 단골손님, '모병제' 이슈다. 인구가 나날이 감소하는 마당이니 그럴 법도 하다. 2001년에 태어나 2020년에 스무 살이 된 남성은 29만 1,989명이다. 한편 2020년에 태어나 2039년에 스무 살이 될 남성은 13만 9,362명이다. 20년이 지나면 현행 병역법에 따라 새로 병적에 편입되는 남성의 수가 절반 이하로 감소한다는 얘기다.

인구 감소에 따른 병역제도 개편의 필요성은 저출생 추세가 심화하기 시작한 2000년대부터 꾸준히 제기되어온 문제다. 2020년대에 이르면 본격적으로 문제가 발생하기 시작하고, 2030년대가 되면 병력 규모를 유지하기 어렵다는 것이 당시 전문가들의 지적이었다. 이에 참여정부는 〈국방개혁 2020〉을 발표하고 병력을 감축하기로 계획했으나 이명박·박근혜 정부는 감군 계획을 유예했다. 문재인 정부가 목표 병력을 50만 명으로 설정하고 감군을 추진했으나 징집률이 2020년 기준 95.8%인 것을 감안하면 지금도 간신히 병력 규모를 유지하고 있다고 보아야 할 것이다.

우리 군은 2000년대나 지금이나 똑같은 병역제도를 유지하고 있다. 그 와중에 인구절벽 시대를 맞이하고 있는 것이다. 바꿔 말하면 병역제도 개편에 대한 진지한 고민이 국가적 차원에서 이루어진 적이 단 한 번도 없었다는 얘기다. 안타깝게도 병역제도 개편은 발등에 불이 떨어진 상황이다. 모든 제도가 그렇겠지만 병역제도는 더더욱 단기간에 확 바꿀 수 있는 문제가 아니기 때문이다.

병역의무는 국가가 안전보장이란 공동체의 필요를 충족하기 위해 구성원인 국민에게 부과하는 의무다. 따라서 병역제도의 설계는 공동체의 안전보장을 위해 우리 사회에 무엇이 필요한지, 나아가 무엇이 우리의 안전을 보장하는 일인지 합의점을 세우는 데에서 출발해야 한다. 다시 말해 병역제도 논의의 시작점은 병역의 형태가 아니다. 징병제냐 모병제냐, 남성 징병이냐 여성 징병이냐를 논하기에 앞서 먼저 풀어야 하는 문제가 있다. "한국군의 규모는 얼마나 되어야 하는가?", "50만 대군을 계속 유지해야 하는가?"가 그것이다.

병력 규모가 우선 합의되지 않으면 병역제도 개편 논의는 공염불이 될 수밖에 없다. 병력 규모는 매우 복잡한 문제다. 편제 변경과 그에 따른 방위 전략의 목표와 작전 계획 변경이 함께 고민되어야 해서다. 작전 계획을 바꾸자면 현재 미국이 갖고 있는 전시작전권 문제도 고려하지 않을 수 없다. 병력 규모에 대한 입장이 불분명한 상황에서 부사관을 50%로 증원한다든지 일반병 복무기간을 줄이고 부사관의 수를 늘린다든지 하는 식의 공약은 현실성이 떨어질 수밖에 없다.

그렇기에 중요한 것은 감군 논의다. 인구가 줄어드는 현실 속에서 우리가 처한 안보 상황과 전략적 목표에 대한 총체적 재검토가 필요하다. 2020년 2월 육군본부가 발표한 〈육군비전 2050〉에 따르면 현행 제도를 유지할 시 한국군은 2050년 기준 30만~35만 명 수준의 병력 유지도 불가능하다. 인구 감소와 병력 감축이 상수인 상황에서 그에 따른 객관적 상황 평가와 안보 전략의 재설정 작업이 시급하게 시작되어야 하는 까닭이다.

한국군이 50만 명에 이르는 대규모 병력과 다수의 전방 사단을 운영하는 가장 큰 이유는 '유사시 북한 안정화 작전', 즉 전쟁 발발 시나 북한 정권 붕괴 시 한국군이 북진하여 휴전선 이북 지역을 온전히 수복하는 작전을 수행하기 위해서다. 한국전쟁 직후부터 촘촘하게 사람을 두어 휴전선을 경계하다 전쟁이 나면 육로로 넘어오는 북한군을 막기 위해 전방에 줄지어 사단을 배치해둔 까닭도 크다. 이러한 전략목표가 여전히 현실적인지, 효과적이고 효율적인 방위 전략인지 평가하고 적정 병력에 대한 사회적 합의를 형성할 필요가 있다. 결국 병역제도는 안보 전략의 하위 문제란 것이다.

그러나 선거 과정에서 병역제도 개편이 진지한 의제로 다루어진 적은 거의 없다. 아직 도래하지 않은 문제라 사안의 심각성이 사회적으로 공유되지 못한 탓도 있지만, 병역제도를 바꾸는 일이 워낙 복잡하고 녹록지가 않기 때문이다. 선거에서 하나하나 곱씹어 다루기에는 쉽지 않은 주제다. 그래서 '모병제'는 복잡다단한 병역제도의 전반을 둘러싼 논의를 납작하게 만드는 프레임으로 써먹기도 좋다.

또 모병제 논의가 선거철에만 반짝 하는 이유는 여론을 갈라놓기 안성맞춤인 이슈이기 때문이다. 이슈메이커들은 근원적 물음엔 관심을 두지 않는다. 그러니 현실적 대안이 나올 수가 없다. 고작해야 '모병제를 하면 돈이 얼마 더 든다더라' 정도의 지엽적 논의만 오가다 끝난다.

○

요즘은 여기에 한술 더 뜨는 이들이 생겼다. '여성 징병'을 말하는 이들이다. 그들은 '젠더 이슈'가 화두에 오르니 병역 이슈까지 끌어다 붙이고 있다.

20대 대통령선거가 한창일 무렵, 한 인플루언서가 남성이 군대 가 있는 동안 여성에게는 사회봉사를 시키자는 주장을 꺼내 논란이 일었다. 남성이 군대에 가 희생하는 시간

만큼 여성도 비슷한 시간을 가져야 하지 않느냐는 것이다. 그러나 국민 모두가 빠짐없이 국가와 사회를 위해 봉사하는 기간을 가져야 한다는 건 병역의무와는 개념이 다른 새로운 형태의 의무다. 즉 헌법을 개정해야 할 사안으로서, 대한민국이 설정해온 국가와 국민의 관계에 대한 근원적 토론과 합의가 필요한 문제다. 남녀의 문제가 아니다. 물론 그 인플루언서가 진지한 토론을 하자고 던진 화두는 아닐 것이다. 결국 그의 주장에 따라붙은 토론은 금세 젠더 전쟁의 아비규환으로 변해버렸다.

대한민국 헌법은 법률이 정한 바에 따른 '납세의 의무'를 규정하고 있지만 모든 사람이 세금을 내진 않는다. 세금은 법률이 정한 납세 대상에 해당하는 사람만 낸다. 그리고 세금 낼 일이 없는 사람을 두고 헌법이 정한 의무를 다하지 않는다고 비난하지 않는다. 국가는 공동체의 필요에 따라 합의된 영역에서 정해진 세금을 걷을 뿐이다. 필요와 합의는 언제든 바뀔 수 있다.

병역제도도 마찬가지다. 국민 개병제는 모든 사람에게 다 군인이 될 것을 요구하는 제도가 아니다. 국가는 공동체의 필요에 따라 합의된 방식으로 병역의무를 부과할 뿐이다. 이미 우리나라는 모든 사람이 군대에 가는 나라가 아니다. 남성들 중에도 군대에 가지 않는 이들이 있다. 얼마간의 기초훈련만 받은 뒤 회사에서 산업기능요원으로 일하는 이들이 있고, 앞서 살핀 것처럼 국위를 선양한 문화예술인이나 체육인은 병역의무를 면제받기도 한다. 각각의 병역특례 제도에 대한 찬반 의견은 차치하고, 그들이 군대에 가기보다 다른 일을 하는 것이 우리 사회에 이롭다는 사회적 판단과 합의가 지금은 그렇다. 물론 국가는 필요에 따라 이 제도들을 변경하고 조정하기도 한다.

같은 맥락에서 여성 징병 역시 논의가 불가능한 성역이 아니고, 남성만 징병하는 현행 제도 역시 불변의 원칙은 아니다. 공동체의 필요에 따라 국민이 합의한다면 언제든 새로운 형태의 병역제도를 상상할 수 있고, 구체적 변화 방안을 논의할 수도 있다. 그렇기에 정말 '여성 징병'을 신념으로 갖춘 정치인이 있다면 먼저 병역제도에 대한 구체적 고민부터 국민 앞에 소명할 필요가 있다. 여성 징병 역시 모병제와 마찬가지로 병역제도 개편의 한 방편일 뿐이다. 그러나 여성 징병을 주장하며 정치의 언저리를 도는 이들은 이런 데엔 딱히 관심이 없어 보인다. 정치적 기회주의자이기 때문이다.

단순하게 계산해서 군대 갈 사람이 많아지면 병력이 늘거나 복무기간이 줄거나 둘 중 하나다. 둘 다 깊은 고민이 필요한 문제다. 그런데 어떤 사람은 군복무기간을 단축하자고 하면 그 짧은 기간에 전투 기술을 어떻게 숙달하고 훈련하느냐는 비판을 하다가, 돌연 여성 징병을 하자는 주장이 나오면 남성의 군복무기간을 절반으로 줄여 형평성을 갖출 수 있다는 논리를 펼친다. 또 어떤 사람은 모병제를 하면 인건비가 늘어 국가예산이 부담된다고 반대하다가 남성에 더해 여성까지 모두 병사로 징집해 비전투 분야의 업무를 맡기자고 한다. 이처럼 앞뒤가 안 맞는 주장들이 나오는 건 병역제도의 근간이 되는 근원적 물음에 대해 고민해 본 바가 없기 때문이다.

애초 여성 징병을 이야기하는 이슈메이커들은 여성을 '진짜' 징집하는 문제를 진지하게 고민하지 않는다. 싼값에 청춘을 사들여 홀대하는 병역제도에 화난 사람들을 자극해 표로 만드는 일에 잘 먹히는 언어를 하나 더 찾은 것뿐이다.

여성 징병은 남성 병사들이 군대에서 겪고 있는 박탈감과 인권침해를 달래기 위한 수단이 될 수도 없고, 되어서도 안된다. 2014년 윤승주 일병이 선임병들의 구타로 사망한 군대도, 7년이 지난 2021년 이예람 중사가 성추행, 2차 피해로 사망한 군대도 다 똑같은 한국군이다. 남군이 인권침해로 죽는 군대에서는 언제든 여군도 죽을 수 있고, 그 반대도 마찬가지다. 여성이 징병된다고 우리 군대의 병폐가 사라지는 것이 아니라는 말이다.

군대 이슈를 망가뜨리는 사람은 누구인가? 바로 군대를 수단으로 국민을 편 가르는 기회주의자들이다. 이들은 군대 문제를 발전적으로 논의할 기회를 사회적 갈등으로 소모해버린다. 피해 보는 것은 그 틈에서 각자도생하는 국민, 그리고 군인뿐이다.

'폭로'만이 군대를 바꿀 수 있는가?

군인권보호관과 군인직장협의회

전역하고 군복무 때 가깝게 지낸 군무원의 결혼식에 간 적이 있다. 식장에는 2년을 매일같이 보고 지내던 부대 간부도 많았다. 반가운 마음에 인사를 주고받으며 밥을 먹으러 갔다. 근황을 나누다보니 자연스레 부대 이야기로 화제가 옮겨 갔다. 직장인들이 모인 자리에선 으레 좋은 말보단 나쁜 말이 더 많이 오간다. 군인들도 마찬가지다. 그런데 한둘이 불만스러운 점을 털어놓자 문득 다른 한 사람이 나를 흘깃 보더니 그들에게 눈치를 줬다. 군인권센터에서 일하는 애도 있는데 함부로 아무 말이나 늘어놓지 말라는 사인이었을 것이다. 분위기가 어색해질까 봐 "저는 못 들은 걸로 할

게요" 하며 너스레를 떨고 넘겼다. 다들 어디 가서 얘기하지 말라며 웃고 말았다.

군인권센터를 폭로 전문 단체로 아는 이가 많다. 틀린 말은 아니다. 2010년대 이후로 군과 관련된 굵직한 사건의 대부분은 거의 다 군인권센터가 '폭로'했다. 은폐된 진실과 조작된 사실을 찾아내 대중에게 알리는 군인권센터를 보며 박수 치고 응원하는 시민도 많지만, 한편에는 마뜩잖게 여기는 이들도 있다. 별것 아닌 일을 침소봉대해 군인들의 사기를 꺾는다고 손가락질하는 이들도 있고, 군이 국민 눈치 보느라 본연의 임무를 제대로 수행하지 못하게 만드는 집단이라 욕하는 이들도 있다. 주로 근속이 오래된 군인들이 그렇다. 뭐, 사람은 다 다르니까. 보는 관점에 따라 불편하게 생각할 수도 있다.

간혹 사람들의 관심을 끌 만한 이슈만 다루고 그 밖의 것엔 관심이 없다며 비판하는 이들도 있다. 이건 좀 억울한 면이 있다. 한 해 접수되는 상담과 제보가 1,800건을 상회한다. 언론에는 이 중 10%도 나가지 않는다. 대부분 내담자와의 상의를 통해 '조용히' 문제를 해결한다. 문제가 해결되고 난 뒤엔 해당 부대 지휘관으로부터 미처 몰랐던 문제를 알려줘서 고맙다는 연락을 받기도 한다. 언론에 나가는 사건은 다 그만한 이유가 있다. 피해자 보호가 안 되고 있거나 부대가 문제해결에 의지를 보이지 않거나, 군인권센터에 전화했다고 보복하거나, 제도적 변화가 수반되어야 하는 문제이거나. 물론 이런 경우에도 내담자가 동의하지 않으면 공론화는 진행되지 않는다. 폭로는 문제를 해결하기 위한 여러 가지 수단 중 하나지, 목적이 아니다.

어찌 되었든 파급력 있는 변화를 이끌어낸 수단은 대부분 폭로였다. 하지만 그 변화는 폭로라는 방식을 써서가 아니라, 폭로를 통해 드러난 내용이 너무나도 충격적이었기 때문에 가능했다. 2013년 성추행 피해를 입고 사망했음에도 사망과 성추행의 연관성을 무시해 가해자를 집행유예로 풀어주려다 덜미를 잡힌 육군 여군 대위 사망사건, 2014년 집단구타로 사망했음에도 질식사로 둔갑되어 있던 윤 일병의 사인을 바로잡았던 사건, 2017년 4성 장군으로 갑질을 일삼던 박찬주 대장의 실체를 폭로한 사건, 2018년 촛불 정국에서 기무사가 준비했던 계엄령 준비 문건을 공개한 사건 등 상식으로 이해하기 어려운 군의 민낯이 그대로 드러난 사건이 대표적이다. 뒤집어 얘기하면 폭로가 아니었으면 감춰졌을 진실의 무게가 그만큼 무거웠다는 것이다. 폭로는 왜 하는가? 답은 명료하다. 누가 자꾸 뭘 감추려 들기 때문이다. 숨기는 게 없으면 폭로할 것도 없다.

○

폐쇄적인 국가기관을 꼽으라면 단연 군대가 상위권에 자리할 것이다. 이러나저러나 민주주의 국가에서 국가기관이 불투명하게 운영되는 것은 문제다. 그러나 군대에는 어느 정도의 예외가 적용되며 양해된다. 군사작전과 임무 수행을 투명하게 하여 얻는 실익이 그렇게 함으로써 잃게 되는 것, 가령 국민의 안위나 국가의 안전보장보다 적다는 국민적 합의가 있기 때문일 것이다. 하지만 그렇다고 하여 군대가 치외법권의 독립 왕국이나 헌법과 법률에 앞서는 조직으로 인정받는 것은 아니다. 군대가 특수하게 얻은 양해 역시 모두 국민이 동의하여 만든 헌법과 법률로 정해진 것에 불과하다. 우리 군은 그걸 자꾸 잊는다. 그래서 아무 때나 군의 특수성을 이해하고 인정해달라며 떼를 쓴다.

군인들은 입버릇처럼 "제한된다"라는 말을 쓴다. 조금 귀찮거나 곤란한 부탁을 하면 죄다 제한된다는 답이 돌아온다. 상대가 군에 대해 잘 모르니 일단 군대라서 어쩔 수 없다며 둘러대도 먹히리라 생각하는 것이다. 그리고 실제로 잘 먹힌다. 군에서 자식 잃은 부모들과 초기 상담을 진행하면 제일 많이 듣는 말이 유서나 일기장을 복사해달라는데 군이라서 제한된다는 답을 받았다는 것이다. 변사 사건 수사 중이라 원본 자료 제공이야 어려울 수 있지만 유서 사본 제공이 안 될 까닭이 무엇인가. 그래서 도로 가서 따지면 그제야 마지못해 사본을 내준다. 군은 지독하게도 모든 문제를 군 안에서 해결하고 싶어 한다. 그래서 폐쇄적일 필요가 없는 것도 폐쇄적으로 만들고, 그렇게 해선 안 되는 것들도 그렇게 한다. 그걸 비판하면 바깥에 있는 사람들은 군의 '특수성'이란 것을 이해하지 못하기 때문에 그들이 내리는 처방과 대안은 현실감이 없다며 비웃는다. 그렇게 오래 뭉개둔 제도가 하나 있다. 바로 '군인권보호관' 제도다.

2014년, 군인권센터의 폭로로 '윤 일병 사건'의 진상이 드러난 뒤 군에 대한 불신은 최고조에 달했다. 국민들은 철책 속의 폐쇄된 공간에서 무슨 일이 어떻게 돌아가는지 알 길이 없었다. 그저 군이 해주는 말을 믿다가 속았을 뿐이다. 이러한 불신을 해소하기 위한 제도적 대안이 필요하다는 목소리가 높아졌다. 그해 11월 국회는 '군 인권개선 및 병영문화 혁신 특별위원회'를 구성했다. 특위가 마련한 대안 중에는 '군 옴부즈맨제도' 도입이 있었다. 국민의 불신과 불안을 해소하고 병영을 혁신하려면 장병 인권침해 구제를 위한 외부 독립기관이 필요하다는 취지였다. 국회는 2015년 7월 24일 군 옴부즈맨(군인권보호관)제도 도입을 포함한 〈군 인권개선 및 병영문화 혁신과제의 조속한 이행 촉구 결의안〉을 여야 합의에 따라 재석의원 222인 중 216인의 압도적 찬성으로 통과시켰다. 반대 의원 2인, 기권 의원은 4인에 불과했다. 그로부터 일주일 뒤인 7월 30일 새누리당(현 국민의힘) 황영철 의원이 국가인권위원회에 군인권보호관을 설치한다는 내용을 골자로 〈「국가인권위원회법」 일부 개정 법률안〉을 발의했다. 이 법안에는 여야 의원 27인이 골고루 이름을 올렸다. 같은 해 제정된 「군인의 지위 및 복무에 관한 기본법」에도 군인권보호관 설치가 기정사실화되어 담겼다.(제42조)

그러나 19대 국회 임기 만료로 법안이 폐기됨에 따라 군인권보호관 설치는 좌절된다. 이때가 윤 일병 사건이 발생한 때로부터 2년 정도 지났을 무렵이다. 끔찍한 사건으로부터 몇 년이 더 흐르자 군인권보호관에 대한 정치권의 관심은 뚝 떨어졌다. 20대 국회에서는 더불어민주당 백혜련 의원이 비슷한 내용의 법안을 제출했지만 회의 탁상에도 못 올라간 채 임기 만료로 또다시 폐기되었다. 20대 국회 임기 내에 당선된 문재인 대통령이 2017년 대선에서 군인권보호관 설치를 공약으로 내세웠는데도 그랬다. 국가인권위원회도 새 위원장이 취임할 때마다 군인권보호관 설치 추진을 역점 사업으로 공표했지만 현실은 녹록잖았다. 그사이에도 숱한 장병이 인권침해로 신음하다 목숨을 잃었다.

군인권보호관 설치를 가로막는 복병은 곳곳에 있었다. 군인권보호관 문제를 둘러싼 쟁점은 크게 조직, 인력, 권한 등 세 가지다. 조직 문제는 군인권보호관의 지위와 관련된다. 황영철 의원과 백혜련 의원은 법안에서 국회가 추천하는 인권위 상임위원을 2인에서 3인으로 늘려 늘어난 자리를 군인권보호관으로 삼고자 했다. 인력 문제는 군인권보호관의 업무를 지원하기 위한 조사관을 충원하는 일이었다. 당시 인권위에는 군 관련 사건 조사, 인권 교육, 정책 수립 등을 모두 맡는 군인권조사과가 있었는데 인력은 한 자릿수에 불과했다. 황영철·백혜련 의원안은 직제에 군인권본부를 두고 인력을 확충하고자 했다. 권한 문제는 불시방문조사권과 자료제출요구권이 쟁점이었다. 제도 도입 배경을 되짚어보면 군인권보호관이 군에 방문 사실을 통보하지 않고 불시에 부대를 들어갈 수 있느냐 없느냐는 상당히 중요한 문제였다. 자료제출요구권도 마찬가지다. 황영철·백혜련 의원안은 전시·비상사태를 제외한 불시방문조사권을 명시했고 자료제출요구권도 부여했다. 방문 조사 시에는 전문가도 동행할 수 있다는 내용을 포함했다.

이처럼 조직을 넓히고 인력을 확보하고 권한을 확충하는 일이다 보니 정부부처 곳곳에서 반대가 터져 나왔다. 행정안전부, 기획재정부 그리고 국방부가 그랬다. 한 국방부

관계자는 "국방부가 인권 관련 부서를 신설하려 하면 행안부와 기재부는 '인권위에 군인권보호관을 설치할 텐데 왜 예산과 인력을 중복으로 쓰냐'라고 하고, 인권위가 군인권보호관을 설치하려 하면 '국방부에 인권 부서가 생길 텐데 왜 예산과 인력을 중복으로 쓰냐'라고 하며 반대했다"라고 말했다. 권한 부분에서는 당연히 국방부의 반대가 심했다. 박근혜 정권 때에는 아예 국방부 관료들이 대놓고 의원들을 찾아다니며 군인권보호관을 국가인권위원회가 아닌 국방부에 두어야 한다고 주장했다고 한다.

정권이 바뀌고 대통령 공약사항에 국가인권위원회에 군인권보호관을 설치하는 것이 포함되자 국방부도 전략을 바꿨다. 입법을 최대한 지연시키는 한편, 인권위에 설치하는 건 받아들이되 권한을 줄이고 지위를 불안정하게 만들기 위한 로비를 전 방위로 펼쳤다. 군인권보호관의 불시부대방문권도 반대, 수사 중 자료제출요구권도 반대, 수사 중 사건조사권도 반대, 국방부가 군인권보호관에게 사망사건 발생 시 의무적으로 통보하게 하는 것도 반대. 국방부는 원래 인권위가 가지고 있는 권한보다 한 뼘 더 나아간 군인권보호관의 권한은 모조리 반대했다. 그러고는 염치도 없게 '작전·임무 수행'을 핑계로 군인권보호관의 조사를 중단시킬 수 있는 권한을 국방부장관에게 부여해달라는 사족도

달았다. 군은 늘 임무를 수행하는 곳이니 사실상 아무 때나 조사를 거부할 수 있게 해야 한다는 심보였다. 이런 이유로 군인권보호관은 여야 합의로 설치를 결의한 시점으로부터 장장 6년이 지나도록 설치되지 못했다.

그러던 중 2021년 공군에서 성추행 피해를 입은 고 이예람 중사가 극단적 선택으로 세상을 떠난 사건이 벌어졌다. 군인권보호관 설치 논의에도 다시 불이 붙었다. 이 시기 국방부는 군사법원 존치와 더불어 군인권보호관의 권한을 최소화하는 데 사활을 걸었다.

우여곡절 끝에 만들어진 군인권보호관 제도는 한마디로 '누더기'다. 설치는 하지만 조직과 권한이 받쳐주지 않아 실효성이 담보될지 심히 우려스러워 하는 사람이 많았다. 의원들이 군에서 어떤 메커니즘으로 인권침해가 발생하고, 군이 이를 어떻게 조작·은폐하는지 그 역사와 심각성을 오롯이 인지하지 못한 상황에서 국방부에 휘둘려 만든 결과다. 국회는 앞서 열거한 국방부 요구사항을 거의 100% 수용해줬다. 인권위도 이를 맥없이 다 받아들였다. 심지어 군인권보호관 직책을 새로 만드는 것도 막혀서 기존 인권위 상임위원이 군인권보호관을 겸직하는 후퇴한 방안이 채택되었다. 새로운 권한과 업무를 가진 조사기관을 설치하면서 그 수장을 다른 일을 하는 정무직 공무원에게 겸직시킨 것이다. 윤 일병의 죽음으로 착안된 군인권보호관은 7년 만에 이 중사의 죽음을 만나고도 이 지경이 되어버렸다. 군에서 자식 잃은 부모들이 자식 사진을 들고 거리로 국회로 쫓아다니며 만들어낸 자리임에도 맥없이 그리 되었다. 군은 이다지도 사무치게 바깥의 간섭을 피하고 싶어 한다.

○

감추고 싶은 군과 알아내고 싶은 바깥사람들의 끝없는 줄다리기. 팽팽하게 당기다 보면 어느 순간 변하는 것들이 있지만 대체 언제까지 이렇게 해야 하나 싶은 생각이 들곤 한다. 폭로에 떠밀려 마지못해 바뀌는 무언가를 보면 목표한 바를 이뤄내도 도무지 개운하고 후련하지가 않다. 변화의 뒤편에 따라붙었던 배신감과 좌절, 절망 같은 것을 너무 많이 만났기 때문일까. 여전히 끈을 당기고 있는 것만 해도 힘에 부칠 때가 많지만 언젠가는 군이 스스로 바뀌어 문제를 해결할 수 있는 시스템을 만들어야 이 줄다리기도 끝을 맺을 수 있을 것이란 생각을 하곤 한다.

우리나라에는 현역군인들로 조직된 단체가 없다. 법률상으로도 군인은 노조는 말할 것도 없고 직장협의회도 꾸릴 수 없다. 경찰·소방관 등의 여타 특정직 공무원이 직장협의회를 꾸릴 수 있는 것과 대조적이다. 군인은 근무 중 고충을 겪거나 건의할 사항이 있을 때면 개별적으로 지휘 계통에 따라 상관을 찾거나 국방부 및 각 군 본부 등에 설치된 군인고충심사위원회에 고충심사청구를 할 수 있을 뿐이다.

한편 국방부의 고충 및 범죄 신고·상담 전화 '국방헬프콜'을 찾는 간부의 수는 계속 늘고 있다. 국방부 2020년 국정감사 자료에 따르면 국방헬프콜 이용 건수는 2017년 6만 4,149건, 2018년 6만 1,455건, 2019년 4만 8,932건으로 줄어들었는데, 그중 간부 이용 건수는 2017년 2,620건(4.1%), 2018년 3,279건(5.3%), 2019년 4,135건(8.5%)으로 증가 추세를 보였다. 상담 사유 중 중독, 부채, 가정불화 등 개인 고충 상담을 제외한 군생활 고충 상담만 놓고 보아도 간부 이용 건수는 2017년 706건(2.2%), 2018년 726건(2.4%), 2019년 894건(4.4%)으로 증가 추세다. 같은 시기 병사 이용 건수는 감소세를 보였다. 군 바깥의 상담창구를 이용하는 간부의 수도 늘고 있다. 군인권센터가 지원한 인권침해 사건 중 간부가 피해자였던 사건은 2017년 152건(19.6%), 2018년 214건(19.2%), 2019년 241건(16.1%)으로 증가 추세다.

최근 군의 인권 상황과 근무 여건이 전에 비해 개선되

었다는 평가가 많다. 그럼에도 간부들의 고충 호소가 느는 것은 간부들의 권리 의식이 그만큼 높아졌다는 의미다. 수시로 이사를 다니며 가족과 떨어져 오지에서 근무하고, 상황 발생에 대한 상시적 긴장감까지 감수하고 사는 이들이 직업군인이다. 이들에게 고충이 없다면 아마 그게 더 이상한 일일 것이다. 간부들도 시간이 지나며 불편부당함을 그저 참고 버티며 살아가기보다는 상황을 개선하기 위해 각자의 영역에서 나름의 방법을 모색하고 있는 것이다. 이미 해마다 병력 대비 간부의 비율이 높아지고 있는 상황에서 장기적으로 직업군인의 수가 계속 늘어난다면 이러한 추세가 더 두드러질 것이다.

그러나 지금의 시스템은 비효율적이다. 군인의 고충은 개별적이기도 하지만, 결과적으로 대부분 제도와 시스템에 연결된 문제기도 하다. 그럼에도 모든 군인이 각자의 고충을 민원을 넣어 개인적으로 호소하고 폭로하고, 지휘관이 이를 일일이 접수하여 딸려가듯 처리하는 방식은 지극히 소모적이다. 군 내부에서 근무환경에 관한 일선의 고충을 수합해 부대와 국방부, 나아가 국가와 협의하고 조율해 가는 창구가 고민되어야 한다.

다른 나라는 어떨까. 벨기에에는 군인노조가 있다. 2016년 11월 15일 벨기에 '국왕의 날'에 1만여 명의 벨기에 군인들이 수도 브뤼셀의 거리로 나섰다. 정부가 군인연금 지급 연령을 56세에서 57세로 상향 조정하는 것에 반대하는 시위에 참여하기 위해서였다. 벨기에의 총병력이 2만 6,000여 명이니 병력의 40%가량이 시위에 나선 셈이다. 이들은 '군인노조'의 이름으로 정부 정책에 반대 의사를 표명했다. 2016년 3월 22일 브뤼셀 자살폭탄테러 당시 주변을 순찰하다 즉시 현장으로 달려가 구조대가 도착하기까지 부상자들을 돌본 30여 명의 군인과 같은 해 7월 폭탄테러 용의자를 사전에 제압해 테러를 방지한 군인에게 추천된 서훈이 국방부에 의해 반려되자 벨기에 군인노조가 그 결정에 반대한다는 뜻을 표명하기도 했다.

군대에 노조가 있다니. 게다가 정부를 상대로 의견을 내고 시위까지 한다고? 한국인에겐 그저 생소한 풍경이다. 프랑스·독일·네덜란드·스웨덴 등 서구에는 군인이 노조에 가입하거나 직장협의회를 구성할 수 있는 나라가 여럿 있다. 다만 군인의 직무 특성상 파업 등 단체행동권은 대부분의 국가에서 인정하지 않고 있다. 이들 기구는 주로 군인의 처우와 직무수행, 근무 여건, 안전 문제, 고충 처리 등을 두고 정부와 협의하는 역할을 한다.

노조만 있는 게 아니다. 독일은 1991년 「군인참여법」을 제정하여 일선 부대마다 전투·작전 등의 지휘 업무를 제외한 인사·행정·사무상의 문제 및 근무상 발생하는 이해관계에 관한 갈등을 조정하는 대표위원을 두고 있다. 대표위원은 현역군인 가운데 부대원들의 투표로 선출된다. 각 부대의 대표위원들이 모인 전체대표위원회에서는 제반 문제를 두고 국방부와 협의 탁자에 둘러앉아 의견을 개진한다. 프랑스는 1969년 「군 최고평의회 관련 법률」을 제정해 현역군인 계급별 대표자, 제대군인 대표자 등으로 구성된 최고평의회를 두고 있다. 임기 2년인 61명의 평의회 위원은 선출직이며 군인의 근무환경, 군인 가족의 생활 여건, 군인과 그 가족에 대한 지원, 일-가정 양립, 퇴직 후 취업 지원 문제 등을 국방부장관과 협의한다. 그러나 이들 나라에서 이러한 제도를 운영했다는 이유로 군의 기강이 무너졌다거나 국방 안보가 뒷걸음질치고 있다는 이야기는 들어본 바 없다. 오히려 직업군인의 근무 만족도가 높아지는 만큼 군의 사기도 오른다는 이야기가 나온다. 이렇듯 견주어 고민해볼 선진적 제도는 많다.

우리나라에서도 다른 공무원은 노동조합과 직장협의회에 가입할 수 있다. 2019년에는 「공무원직장협의회의 설립·운영에 관한 법률」이 개정되어 그동안 직장협의회 조직이 불가능했던 경찰공무원의 직장협의회 설립이 가능해졌다. 이에 따라 2020년 6월 18일 경찰청 공무원 직장협의회

출범을 시작으로 각급 경찰관서에 차례로 직장협의회가 생겼다. 상황이 이런데 유독 군인에게만 직장협의회조차 허락하지 않는 것은 엄연한 차별이다. 덮어놓고 안 된다고 할 일이 아니다. 내부에 조직화된 고충처리 체계를 만드는 건 개별 군인만이 아니라 군 지휘부의 인사관리 부담을 덜어내는 일이기도 하다. 언제까지고 외부로 터져 나가는 불만을 다시 내부로 환류시키는 소모적인 방식으로 문제를 해결할 수는 없지 않은가.

○

일을 할 땐 그런 생각을 한다. 군인권센터는 매 순간, 누군가의 용기를 전할 뿐이라고. 그들의 용기가 아니었으면 우린 앞서 살핀 수많은 변화를 만나지 못했을 터다. 그러나 기억해야 할 것은 용기만이 아니다. 누군가의 마음이 용기에 닿기까지의 번민과 두려움도 함께 기억해야 한다. 그렇기에 누군가의 용기와 희생에 변화를 오롯이 빚지는 사회는 불행하다.

폭로로 세상을 바꾸고, 용기로 불의에 맞서는 시대는 이쯤 하면 족하지 않은가. 이제 다음 걸음을 고민할 때가 되었다. 힘껏 용기 내지 않아도 문제를 해결할 수 있는 시스템과 제도를 든든히 구비하자. 줄다리기는 이만하면 충분하다.

안 맞고 안 죽으면 다 된 걸까?

코로나19로 마주한 군인의 사회권

코로나19가 확산한 지 2년이 지났다. 가끔 마스크를 챙기지 않고 현관문을 나설 때가 있지만 이내 깨닫는다. 마치 옷을 하나 안 입은 것 같은 느낌이 든다. 그렇게 불편하게 느껴지던 마스크인데 어느새 몸에 익은 모양이다. 시간이 주는 익숙함이 이렇게 무섭다.

지금은 마음만 먹으면 어디서나 구할 수 있지만 온 동네 약국을 뒤져도 마스크를 구하기 어려웠던 때가 있었다. 정부가 5부제 시스템을 운영하면서 '마스크 대란'은 일단락되었지만 여전히 한번 살 때 여럿 사두는 편이다. 주변 사람들도 대부분 그렇다고 한다. 세상 돌아가는 일은 내 한

몸 건사하는 일과는 달라서 익숙함에 안도하고 있기엔 예측할 수 없는 변수가 너무 많다. 그러니 시간이 지나도 쉽게 익숙해지지가 않는다.

사람들이 느끼는 익숙함과 익숙지 않음의 사이, 정부의 방역 정책은 바로 그사이 어딘가에서 균형점을 찾아야 한다. 사람들이 방역 조치에 익숙해지도록 이끌되 이들이 처한 사정과 상황을 바라보는 관점까지 익숙함에 젖도록 해선 안 된다. 시민들이 코로나19에 익숙해져간다고 그들의 삶이 불안하지 않은 건 아니기 때문이다. 그렇기에 방역 정책의 성패는 '확진자 수 감소'와 같은 목표 달성이나 성과 중심으로만 평가해선 안 된다. 정부는 방역의 시대를 살아내는 사람들이 느끼는 불안을 어떻게 관리할지 끊임없이 고민해야 한다.

○

2020년, 그리고 2021년, 코로나19가 세상을 덮친 2년여의 시간. 군대도 전염병의 시대를 피해 갈 순 없었다. 변화를 체감하기 가장 쉬운 곳은 훈련소였다. 입영일마다 사람들로 북적이던 훈련소 앞이 한산했다. 가족, 친구와 함께하던 입영 행사가 없어졌기 때문이다. 함께 온 이들은 훈련소 앞에 훈련병을 데려다주고 바로 떠났고, 혼자 입대하는 훈련병도 많았다. 코로나19는 머리를 짧게 깎은 훈련병이 부모님께 큰절하고 손을 흔들며 미지의 세계로 들어가던, 그런 소소한 추억을 앗아갔다. 훈련소 수료일에도 마찬가지였다. 훈련병들이 면회, 외출, 휴가를 나가지 못하니 인근이 한산했다.

훈련병뿐 아니라 병사들도 대부분 오래도록 바깥공기를 쐬지 못했다. 간부들도 출타가 자유롭지 않았다. 행여 코로나 확산세가 줄어 바깥바람을 쐬고 오면 일정 기간 격리시켰다. 군생활의 큰 즐거움인 휴가·외박을 나가기가 어려워진 상황이 드문드문 이어졌다. 못 나간 휴가를 모아뒀다 전역을 앞두고 한꺼번에 내보낸 뒤 '조기 전역'이라 이름 붙이기도 했다. 세상으로부터 떨어져 갇혀 지내는 불만이 어찌 크지 않았을까. 하지만 오랜 시간 큰 파열음은 없었다. 감염병 확산이란 초유의 사태 앞에 어찌할 방도가 마땅치 않다는 걸 모두가 알기 때문이었을 것이다.

불만은 다른 데서 터졌다. 밥. 격리된 병사들이 받아든 부실한 도시락 사진이 연일 언론에 오르내렸다. 밥만 한가득에 반찬이라곤 김치 몇 쪽에 양념만 담아둔 도시락 사진이 이 부대 저 부대에서 SNS를 뒤덮었다. 부대 내에선 카메라 촬영이 금지되어 있지만 병사들의 분노는 이런 걸 아랑곳할 계제가 아니었다. 국방부장관이 대국민사과를 할 지경에 이르렀지만 논란은 쉽게 사그라들지 않았다.

2021년 5월, 국방부는 급식 관련 대책을 발표했다. 핵심은 기준 급식비 인상이었다. 당시 병사 1인당 1일 기준 급식비는 8,790원이었다. 한 끼에 2,930원 꼴인데, 전년도인 2020년에 비해 끼니당 99원이 오른 금액이다. 국방부는 유관부처 및 국회와 협의하여 예산을 추가 확보해 2022년에는 끼니당 금액을 3,500원으로 올리겠다는 계획을 밝혔다. 종합하면 국방부는 이 사달의 원인이 예산 부족에 있으며, 그렇기 때문에 군대 급식의 질을 올리는 일은 국회와 기획재정부의 의지에 달렸다는 이야기를 하고 싶었던 것으로 보인다.

정말 그럴까? 물론 급식비가 터무니없이 낮게 책정된 것은 맞는 이야기다. 순수하게 식재료 구매에 소요되는 돈만 비교해도 고등학교 급식만 못한 수준이니 얼른 인상해야 한다. 실제 부실 급식 사태 이후로 급식비는 2022년 기준 끼니당 4,300원 수준으로 인상되었다. 그러나 급식비 인상은 급식 문제를 해결하는 조건 중 하나일지는 몰라도 만능 요술방망이는 아니다. 과연 2021년의 대한민국 군대에서 먹을 것이 부족하고 돈이 없어 부실 급식 문제가 발생했을까? 아니면 예산은 두둑한데 간부가 뒤에서 이를 횡령

하거나 부식을 집으로 빼돌리기라도 하는 걸까? 아무리 군대가 주먹구구라지만 그런 시대는 지나갔다.

군에는 '배식 실패'라는 말이 있다. 음식을 양껏 만들어 놓고 배식을 잘못해서 밥을 못 먹는 사람이 생기는 상황이다. 배식 실패가 얼마나 자주 발생하는지를 보면 지휘관·간부가 병사들 밥 먹이는 일에 얼마만큼 관심을 가지고 있는지를 알 수 있다. 격리 장병에게 지급된 부실 도시락도 마찬가지다. 일반 장병들이 먹고 남은 걸 도시락으로 싸서 주니 반찬이 부족할 수밖에 없었던 것이다. 도시락을 미리 싸 놓고 배식을 시작하면 쉽게 해결될 일이었다.

문제가 생긴 부대들을 보면 대부분 취사병들에게 도시락 포장까지 맡겼던 것으로 파악된다. 밥 짓고 배식 준비하느라 정신없는 취사병들에게 도시락 포장을 시키니 배식 시작 전에 미리 도시락을 쌀 수 없는 건 당연한 일이다. 조금 센스가 있는 지휘관들은 당번을 짜서 취사병이 아닌 병사들에게 미리 나와 도시락을 포장하게 했다. 결국 지휘관·간부가 격리 장병 급식 문제에 얼마나 관심을 갖고 있었느냐에 따라 다른 결과가 나타난 것이다.

이는 부대 운영이 얼마나 개인기에 의존하고 있는지를 여실히 보여준다. 60만의 대병력을 운용하면서 2년 넘게 이어진 감염병 상황에서 격리자 도시락을 변변히 싸주는 일 하나를 체계화하지 못해 개인기에 맡기는 상황은 얼마나 딱한가. 결국 급식 문제는 관점과 관심의 문제다.

○

군이 장병들의 일상을 돌보는 일에 소홀한 건 모든 우선순위에서 장병 의식주 개선 사업이 후순위로 밀려나 있기 때문이다. 누가 밖에서 두들기고 지적하지 않으면 나중으로 밀리기 일쑤다. 급식 논란이 한창일 때 국방부 관계자가 기대감 가득한 얼굴로 이렇게 말했다. "이번 사태를 기회 삼아 꼭 급식비 예산을 늘릴 수 있었으면 좋겠다." 떠들썩해지지 않는 한 신무기에 치이고 개발에 깎이는 것이 의식주 예산이란 얘기다. 급식만 그런 것이 아니다. 육·해·공군 훈련소 생활관을 나란히 바닥에 누워 자는 침상형에서 침대형으로 개선하는 사업의 경우 착수 시점은 2018년인데 계획상 사업이 마무리되는 시점은 무려 10년 뒤인 2027년으로 상정되어 있었다. 급식 사태를 계기로 장병 의식주 전반에 대한 문제 제기가 이루어져 국방부가 최대한 기간을 단축시키겠노라 약속하긴 했지만, 언제 어떻게 늘어질지 모르는 게 장병 생활개선 사업이다.

사실 여기엔 다 이유가 있다. 군 지휘부의 무의식에 '어쩔 수 없다'라는 인식이 깊이 자리하고 있기 때문이다. 군인이라면 그래도 된다는, 그 정도는 참고 살아도 된다는 생각이 1970년대나 2020년대나 크게 다르지 않다. 온 나라에 돈이 없어 보릿고개를 넘던 시절이었다면 어쩔 수 없다는 그 말을 이해해볼 수 있을지도 모르겠다. 그러나 바깥세상은 별천지로 발전했는데 왜 군대만 아직도 '어쩔 수 없다'라는 고장 난 주문만 외고 있을까. 그건 병사들을 한 사람의 인격체로 보지 않기 때문이다. 존중할 까닭이 없으니 무언가 포기해야 할 순간에 가장 먼저 이들의 일상이 떠오르는 것이다.

2021년 4월, 육군훈련소의 비상식적 방역 조치가 화두에 올랐다. 군인권센터는 훈련병들이 입소 후 일주일 간격으로 두 번 진행하는 PCR 검사 결과가 나올 때까지 열흘 가까이 세면, 양치, 샤워를 통제당하고 있다는 사실을 폭로했다. 더 충격적인 건 화장실 이용까지 제한당하고 있다는 점이었다. 아무 때나 화장실을 갈 수 없으니 일부러 물도 조금 마셨다는 제보를 받았을 땐 귀를 의심했다. 심지어 어떤 훈련병은 화장실을 자유롭게 이용할 수 없어 바지에 오줌을 쌌다는 제보도 해왔다. 당시 훈련병들은 입소 후 열흘의 격리기간을 가졌다. 격리 중엔 할 일이 없다. 훈련이나 교육을 받는 것도 아니다. 하려고만 했다면 시간을 쪼개 소규모 인원 단위로 세면을 하고 화장실을 이용하게 하는 것이 불가능하지 않았을 것이다. 물론 번거롭고 손이 많이 가는 일이지만, 안 씻기고 화장실 안 보내기보단 이편이 훨씬 상식적이라는 걸 부정할 사람은 아무도 없다.

그런데 폭로 이후 육군훈련소의 반응이 눈길을 끌었다. 육군훈련소 공보정훈실은 해명이랍시고 "지난해와 올해 입영장정 중 코로나19 확진자 27명이 확인됐으나 강화된 선제적 예방조치로 단 한 명의 추가 감염도 발생하지 않았다"라는 말을 전해 분노한 여론에 기름을 부었다. 자화자찬을 한 것이다. 훈련소장도 "화장실과 세면장 문제는 지난해와 비교해 많이 개선되었다"라며 훈련소 분대장과 조교의 노고, 열악한 시설 문제를 거론했다. 문제의 본질을 비껴가려 한 것이다.

육군훈련소가 보인 반응을 요약하면 '어쩔 수 없다'라는 볼멘소리였다. 코로나19라는 초유의 상황을 맞아 확진자를 줄이려 한 일이라고, '어쩔 수 없다'라는 말로 퉁친 것이다. 먹을 것을 살 돈이 부족해 도시락에 밥만 퍼 줬을 리 없었던 것처럼, 1차 PCR 검사 결과 음성 판정을 받은 훈련병들을 대상으로 추가 감염을 막는 방법이 양치와 샤워를 통제하는 방법밖에 없었을 리도 없다. 다만 방역을 위해 '어쩔 수 없이' 가장 효율적이고 손 덜 가는 방식을 택했을 뿐이다. 장병들의 고충이나 애환은 안중에 없었다.

그뿐인가. 군인권센터는 2020년 12월, 모 부대에서 격리시설을 마련해야 한다며 간부 개인 숙소나 가족과 함께 사는 관사까지 징발해 거주자를 내보내고 있다는 사실을 폭로한 적도 있다. 코로나19가 확산된 지 1년 가까운 시간이 지나도록 격리시설 확보 대책을 제대로 세우지 못한 것도 문제지만, 상황이 닥치자 손쉽게 거주자를 쫓아낼 수 있는 군 숙소부터 징발한 이유는 아마 이때도 '어쩔 수 없으니까'였을 것이다.

물론 어쩔 수 없는 부분도 없진 않았을 것이다. '확진자 0명'이나 '추가감염 0명' 같은 지표도 중요하다. 그러나 그게 통제받는 이들이 무한히 모든 것을 감내해야 할 명분이 될 순 없다. 부득불 자유를 통제해야 하는 방역 정책의 특성상 국가는 과정의 면면에서 통제가 빚어내는 개개인의 고충과 애환을 끊임없이 살필 의무를 갖는다. 군대처럼 기본적으로 구성원들이 불만을 드러내기 어려운 구조를 가진 곳이라면 더욱 그렇다. 애써 찾아보려고 하지 않으면 모른다. 그렇게 익숙해진 방역의 일상에 군 지휘부도 함께 익숙해져버린 것이 모든 사달의 원인은 아니었을까. 문제는 어려운 여건에서도 변함없이 나라와 시민을 지키는 장병들의 고생을 당연하게 받아들이는 순간부터 시작된다. 감염병 상황이 마무리 단계에 접어들고 있다지만 그 시절 사람들이 화가 났던 이유는 꼭 되돌려 곱씹어보아야 한다. 그래야 같은 문제가 반복되지 않는다.

○

우리 군은 병영에서 구타·가혹행위·자살이 사라지면 인권 상황이 개선되었다고 믿는 경향성이 짙다. 실제로 국방부는 이런 구습을 줄이고자 많이 노력했고, 실제로 줄어든 편이기도 하다. 그래서 무슨 문제를 지적하면 대번에 예전의 군과 지금의 군은 다르다는 반응부터 나온다. 그러나 두들겨 맞지 않고, 괴롭힘당하지 않는다고 사람답게 사는 게 아니다. 당연한 소리지만 군에서는 당연하지가 않다. 너무 오랜 시간 맞고 죽고 곪아가는 삶을 겪어 마땅한 것이라 여기고 살아서 그런 걸까. 범죄가 군기의 이름으로 횡행하던 야만에서 이제 한 걸음 걸어 나왔을 뿐인데 그다음 걸음을 내딛기가 영 쉽지 않다.

나라와 시민의 덕으로 잘 먹고 잘 자고 잘 입는 군인이 목숨을 걸고 나라와 시민을 지킬 줄 아는 법이다. 이제 안 맞고 안 죽는 것 그 이상을 상상할 때다. 이 세상에 어쩔 수 없는 건 없다.

에필로그

따뜻이 절박한 마음

2017년 여름, 병사 한 사람이 세상을 떠났다. 기억하는 것은 그 뒤의 일이다. 누군가 문서 하나를 보내줬다. 제목은 '육군본부 현안 업무 점검 회의 주요 결정 사항'. 이날의 논의는 망자의 죽음에 관한 것이었지만 망자에 관한 이야기는 한 줄도 없었다. 다만 남은 이들의 분주한 마음만 잔뜩 쓰여 있었다.

"언론매체 및 SNS상 확산될 소지는 없다고 판단됨."

"유가족 오후 부대 방문 대비 언론 동향 check 실시."

"사전에 issue화될 소지가 다분한 사항이었는데도 언론 동향을 미체크하고 선제적으로 대응하지 못한 잘못이 있음."

"공보 대응 측면에서 문제점은 없었는지 확인하고 유가족에 대한 관리를 철저히 해야 함."

"야전부대는 경험이 일천할 수밖에 없음. 따라서 육본(안전관리센터)이 컨트롤타워 역할을 수행해야 함."

위 두 개는 보고 내용이고, 아래 세 개는 회의를 주재한 지휘관의 지시 사항이다. 자식뻘 되는 부하의 영정 앞에서 '선제적 대응'을 질책하고 '유가족 관리'를 주문하며, 'SNS 동향'을 궁금해하는 세상. 그 세상은 어디서부터 어떻게 어긋난 것일까. 무언가 바뀔 거란 기대를 해도 좋은 걸까. 때로 그런 맥없는 생각을 하면서도 꾸역꾸역, 시간을 굴려 오늘에 닿았다.

글을 쓰기 시작한 것이 2021년 10월, 마무리하는 오늘은 2022년 9월. 그 짧은 사이에도 많은 것이 바뀌어 써둔 글을 다시 만져야 하는 날이 많았다. 고 변희수 하사가 전역처분 취소소송에서 이겼고, 국회에선 고 이예람 중사 성폭력 사망사건을 재수사하기 위한 최초의 군 관련 특검법이 제정되었으며, 대법원은 「군형법」제92조의6에 적용할 판례를 변경해 성소수자 색출 사건의 피해자들에게 무죄를 선고했다. 2014년 '윤 일병 사건' 이후로 진전이 없던 군인권보호관이 모자라고 아쉬운 모양으로나마 입법되었고, 군사법원 개혁 역시 미온적이나마 고등군사법원 폐지, 일부 범죄의 관할 민간 이전 등의 성과를 거뒀다. 미뤄지긴 했으나 병사의 월급은 2025년을 목표로 200만 원에 도달할 예정이라 한다. 이렇게 바뀌고 좋아진 것들에 더 덧붙이면 좋으련만. 애석하게 아직은 제자리를 맴도는 일들도 있다. 많다.

바뀐 것들, 그리고 바꿔야 할 것들을 헤아리다 보니 지나간 시간에 흘려둔 생각들이 부끄러워졌다. 아무리 봐도 그른 것 같아 계란으로 바위 치는 일이라 여긴 것들이 바위를 부술 때면, 내가 의심했던 기대는 하나 빠짐없는 누군가의 절박함이었음을 알게 된다. 얼마 전엔 고 이예람 중사의 1주기를 지냈다. 이 중사의 유가족은 국군수도병원 한 편의 장례식장에 서서 여전히 조문이 아닌 추모의 마음을 받았다. 그날 먹먹한 표정의 유가족을 가장 먼저 안아준 건 고 윤승주 일병의 어머니였고, 고 홍정기 일병의 어머니였으며, 고 황인하 하사의 아버지였다. 서로의 접점이 그리운 마음인 사람끼리 서로를 꼭 안아주는 모습을 보며 조심히 따라 울었다. 따뜻하면서도 절박한, 이상에서 떠낸 한 줌의 마음이 일상의 변화를 만든다.

부족한 글로 그 소중한 마음들을 다 담아내기가 쉽지 않았다. 한 줄 한 줄마다 변함없이 군인권센터의 활동을 응원하고, 기꺼이 내 일처럼 여겨주시는 여러 유가족들의 두터운 연대와, 센터를 믿고 제보하고, 상담했던 피해자들의 용기에 비추어 부끄럽지 않은 삶을 살아내겠다는 다짐을 빚어 넣었다. 이들이 아니었다면 오늘 여기서 이야기할 수 있는 변화도, 꿈꾸고 그릴 수 있는 미래도 없었을 것이다. 때론 미안함에, 또 아쉬움에 글을 쓰다 눈시울을 붉힌 날도 많았다. 특히 변희수 하사의 이야기를 쓸 때 그랬다. 외롭고 어려웠던 시간을 더 가까이에서 챙기지 못했다는 미안함은 언제나 잊지 못할 그리운 마음으로 쟁인다.

'군인의 인권'이란 생소한 단어를 오랜 시간 짊어온 임태훈 군인권센터 소장님과, 철옹성 같았던 대한민국 군대를 끝없이 두드려 바꿔낸 군인권센터 전·현직 활동가분들에게도 사랑과 고마움을 전한다. 조금은 궁색하고 어려웠을지라도 정부 지원을 거부하고 오로지 시민의 후원만으로 헤쳐 온 14년의 시간은 '군인이 만난 인권의 시간'이었으리라. 앞으로 해낼 더 많은 일들에 이 책의 끝머리에 이른 여러 사람의 새로운 기대가 더해지기를 바란다. 끝으로 센터에서의 활동과 고민을 엮어 글로 남길 수 있도록 '김형남의 갑을, 병정' 연재 지면을 마련해주셨던 〈오마이뉴스〉 편집부와 모자란 나의 일을 변함없이 응원하며 세상을 떠난 군인들을 위해 늘 손 모아 기도한다는 우리 가족들에게도 깊은 감사를 전한다.

백 사람이 겪은 군대는 그저 백 개의 군대일 뿐이지만 백 사람이 따뜻이 절박한 마음으로 함께 고민한 군대는 더 나은 하나의 군대가 된다. 우리는 그렇게 이미 군대를 바꿔 가고 있다. 기억해야 할 사람과, 찬찬히 돌아보아야 할 지난 걸음과, 내일을 기약할 물음표들로 만날 다음 이야기를 기다리며 책의 끝을 맺는다.

군, 인권 열외

1판 1쇄 발행일 2022년 10월 24일

지은이 김형남

발행인 김학원
발행처 (주)휴머니스트출판그룹
출판등록 제313-2007-000007호(2007년 1월 5일)
주소 (03991) 서울시 마포구 동교로23길 76(연남동)
전화 02-335-4422 **팩스** 02-334-3427
저자·독자 서비스 humanist@humanistbooks.com
홈페이지 www.humanistbooks.com
유튜브 youtube.com/user/humanistma **포스트** post.naver.com/hmcv
페이스북 facebook.com/hmcv2001 **인스타그램** @humanist_insta

편집주간 황서현 **기획** 김해슬 **편집** 남미은 **디자인** 박진영
용지 화인페이퍼 **인쇄** 청아문화사 **제본** 민성사

ISBN 979-11-6080-917-6 03300